多媒体辅助汉语教学案例集

顾　问 ◎ 刘立新　鲍思冶
主　编 ◎ 刘志刚
副主编 ◎ 陆熙雯　才源源

北京语言大学出版社
BEIJING LANGUAGE AND CULTURE
UNIVERSITY PRESS

©2020 北京语言大学出版社，社图号 19110

图书在版编目（CIP）数据

多媒体辅助汉语教学案例集 / 刘志刚主编．－－北京：北京语言大学出版社，2020.1（2021.5重印）
ISBN 978-7-5619-5522-2

Ⅰ．①多… Ⅱ．①刘… Ⅲ．①多媒体－计算机辅助教学－应用－汉语－语言教学－教案（教育）Ⅳ．① H19-39

中国版本图书馆 CIP 数据核字（2019）第 276192 号

多媒体辅助汉语教学案例集

DUOMEITI FUZHU HANYU JIAOXUE ANLI JI

图片供稿：	全景图片　壹图网　微图网　fotoe 图片库
排版制作：	北京光大印艺文化发展有限公司
责任印制：	周　燚
出版发行：	北京语言大学出版社
社　　址：	北京市海淀区学院路 15 号，100083
网　　址：	www.blcup.com
电子信箱：	service@blcup.com
电　　话：	编 辑 部　8610-82303647/3592/3395
	国内发行　8610-82303650/3591/3648
	海外发行　8610-82303365/3080/3668
	北语书店　8610-82303653
	网购咨询　8610-82303908
印　　刷：	北京虎彩文化传播有限公司
版　　次：	2020 年 1 月第 1 版　　**印　　次：** 2021 年 5 月第 3 次印刷
开　　本：	787 毫米 ×1092 毫米　1/16　**印　　张：** 10.5
字　　数：	232 千字
定　　价：	45.00 元

PRINTED IN CHINA

序

刘志刚主编的《多媒体辅助汉语教学案例集》即将由北京语言大学出版社付梓，嘱余作序。志刚是北京语言大学的校友，毕业后一直活跃在汉语教学第一线，除了出书之外还做了好多演讲。2014年出版的《麻辣汉语 爆笑漫画》和2016年出版的《一个对外汉语教师的手记》都很受欢迎，我也有幸得到了赠书，翻阅之后除了愉悦身心之外也催生了很多思考。他的故事和教学经历是汉语国际教育领域千万个一线教师的缩影，很多老师可以在里边找到共鸣。现在摆在我案头的这本案例集，是由志刚主编、很多位老师共同完成的，它一共有六个板块。第一个板块是"使用教育类、效率类软件或网站辅助汉语教学"，第二个板块是"使用专业软件或设备辅助汉语教学"，第三个板块是"使用生活类软件或网站辅助汉语教学"，第四个板块是"使用社交媒体平台辅助汉语教学"，第五个板块是"使用影视视频辅助汉语教学"，第六个板块是"使用短视频或图片辅助汉语教学"。这六个板块既有分别又相互照应。这些教学案例都是由一线老师提供的，内容丰富，领域广泛，形式多样。教学中的一些重点、难点问题在案例中都清晰地标注出来了，更重要的是每一篇案例后边还附有教学后记，这对教学一线的老师来说是非常珍贵的参考资料。

翻阅一篇篇教学案例，不禁让我回想起当年我开始教汉语的时候，所有的教具和教学参考资料都要自己准备。那个时候没有这么多的辅助教学软件和教学工具，所以写黑板（板书设计）或者自己画图（挂图制作）就成了我们那个时代最重要的辅助教学方式。现在时代不同了，鸟枪换炮了，网络媒体、社交平台以及专业软件，有很多可以拿来作为课堂教学的辅助工具。但是这些软件和工具究竟怎么用？每个人都有自己的经验和体会。这本辅助汉语教学的案例集，就是老师们教学经验的总结。任务设计、课前准备、课堂活动组织以及语言点的设计、句型的练习等等都在案例里边体现出来了。这本书不是一本理论研究的学术著作，它完全是基于经验的、能够直接解决一线教师教学问题的书。更为有趣的是，这本书图文并茂，书后还附有各种软件的简单介绍，一目了然。因为案例是不同的老师写的，所以应该说这本书是一个营养丰富的大拼盘。读者可以各取所需。

刘志刚从北语毕业之后，一直在世界各地从事汉语教学活动，我一直关注着他的成长和发展。我知道他的讲演非常"叫座"，特别是深受一线老师的欢迎。因为他最大的特点是紧密结合教学实际，所有的教学案例都是鲜活的。汉语作为第二语言的教学包含的内容很多，有语音教学、语法教学、词汇教学、篇章教学、汉字教学等。从教学类型上来说，又可以区分为口语教学、阅读教学、汉字教学、写作教学、翻译教学、篇章教学、综合教学等等。每一种教学内容和教学类型的目标、任务、教学手段、教学方法都是不尽相同的，如何利用多媒体辅助教学手段来提高教学效率和教学质量是非常值得研究的一个问题。语言学习过程是一个认知过程，遵守认知规律非常重要。但是目前我们对学习者的认知过程的研究是相当薄弱的。我们先要了解学生的学习过程有哪些认知规律，这就是关于学习者习得过程的研究。不同母语背景的学习者是否具有共同的习得规律？学习者的年龄、性别、文化背景、语言学习的经验、个性特征、学习环境、学习路径、学习方法、对目的语的态度等因素，是否会对学习成绩产生不同的影响？就目前的观察和相关研究来看，答案是肯定的。那么我们就应该了解：这些不同的要素是怎么影响学习者的学习成绩的？会给学习者带来什么样的影响？我们也需要评估，各种新的多媒体教学手段对学习者来说，正面的影响和负面的影响分别有多大？传统的教学方式和教学手段，有哪些值得我们进一步继承和发扬？在我们看到多媒体辅助汉语教学手段的应用取得一些成绩的同时，我们也应该不忘反思，它会给我们带来哪些负面的影响。只有从不同的角度、不同的侧面来思考问题，才能真正找到问题的答案，才是科学的态度。所以我认为这本案例集给我们提出的问题也是很有价值的。这些都需要学界合作来进行研究。教学一线的老师有丰富的教学经验，他们知道遇到各种各样的问题应该如何处理。从研究者的角度来看，他们遇到的这些问题都是我们的研究课题，研究者可以通过他们的问题去进一步地发现、发掘和了解语言学习的规律。

这些案例告诉我们如何准备一门课程，如何处理一些语言中的要点问题，如何运用各种媒体和教学资源来改进我们的教学质量。这些案例也为我们进一步探索第二语言学习的规律提供了线索。所以我认为这本案例集的价值是多方面的。在课堂教学中，教师相当于一个教练。一个好的教练在训练运动员的时候，一定要了解训练的规律，做好规划，并按部就班地开展训练活动。语言学习从本质上来说是一个训练的过程，但是这个过程是一个综合的、复杂的过程，它涉及认知心理、文化认同和学习策略等相关问题。

运用软件、网站、短视频和图片来辅助汉语教学，可以提高教学效率，可以让学生有身临其境的感觉，对活跃课堂气氛也有帮助。人们都说教学本身是一门艺术，除了教师自身的艺术才干之外，还需要一些技术手段来帮助教师提高教学水平。这本案例集里边所提供的各种多媒体资源，以及它们的用法，让我们的教师了解到各种教学技术的应用和它们的强大功能，这对于现代的语言教学革新来说，是具有革命性意义的。

"工欲善其事，必先利其器"。这本案例集中运用的教学软件和信息平台都是语言教学的利器。刘志刚以及案例集的各位实践者在汉语教学领域的探索是非常有价值的。

是为序。

崔希亮

2019 年 9 月 10 日

目　录

使用教育类、效率类软件或网站辅助汉语教学　　1

案例 1　　利用 Puppet Pals 2 进行单元综合表达训练　　张婕好　/　2

案例 2　　巧用 Book Creator 制作图文并茂的有声书　　赵英英　/　6

案例 3　　巧用 HelloChinese 进行音节拼读练习　　王兰婷　/　10

案例 4　　巧用 Chinese Mandarin Alpha Team 辅助汉字教学　　王兰婷　/　13

案例 5　　使用谷歌表格编写、阅读爱情故事　　陆熙雯　/　16

案例 6　　利用 iChineseReader 进行阅读教学
　　　　　——以"饮食"主题教学为例　　李妙言　/　21

案例 7　　使用混合学习法进行零起点汉语的翻转教学　　曹　芳　/　24

案例 8　　自编自演生活小"电影",在活动型课堂中学习
　　　　　"活的汉语"　　曹　芳　/　29

使用专业软件或设备辅助汉语教学　　33

案例 9　　使用 Poll Everywhere 在课堂上练习汉字认读　　陆熙雯　/　34

案例 10　ClassDojo 在综合课导入环节中的应用　　才源源　/　39

案例 11　Kahoot 在词语复习环节中的应用　　才源源　/　43

案例 12　Quizlet Live 在词语复习环节中的应用　　才源源　/　47

案例 13　利用 Promethean Board 中的智能教学小工具进行
　　　　　阅读教学　　赵英英　/　51

使用生活类软件或网站辅助汉语教学　　55

案例 14　利用二维码寻宝游戏来复习"职业"类词语　　李妙言　/　56

案例 15　使用极品时刻表学习中国地理及设计旅程　　徐江丹　/　59

案例 16　利用网站点评功能练习评价中餐馆和食物　　陆熙雯　/　62

案例 17　用百度地图复习"问路"　　陆熙雯　/　65

案例 18　使用携程网学习网上订票　　沙　茜　/　68

案例 19	旅游网站在"旅行"主题教学中的应用	才源源 /	71

使用社交媒体平台辅助汉语教学　　　　　　　　　　　　　75

案例 20	利用荔枝平台辅助课堂生词教学	戴　嫕 /	76
案例 21	利用荔枝平台进行课文导入	杨翼瑄 /	80
案例 22	利用微信聊天群练习打招呼和自我介绍	徐荟尧 /	83
案例 23	利用微信朋友圈学习"租房"话题	郭文静 /	86
案例 24	利用新浪微博辅助新闻课的学习	朱晓花 /	90

使用影视视频辅助汉语教学　　　　　　　　　　　　　　　93

案例 25	利用热播视频进行"剩女"话题的讨论	许尔茜 /	94
案例 26	利用广告引导学生讨论中国家庭观念	赵　洁 /	98
案例 27	利用真人求职节目进行高级商务汉语"内容教学"	刘　刚 /	102
案例 28	利用影视视频讨论"相亲"话题	沙　茜 /	106
案例 29	巧用视频辅助生词教学——以"明明"为例	朱晓花 /	109
案例 30	使用视频导入商务汉语写作课 ——以"招聘书"写作为例	徐江丹 /	113
案例 31	借助影视视频辅助高级阶段学生学习汉语口语	曹　芳 /	116
案例 32	视频材料和抽签软件在初级汉语口语课中的应用 ——以《做客》为例	吴丹华 /	120

使用短视频或图片辅助汉语教学　　　　　　　　　　　　　125

案例 33	巧用短视频教"请给我一杯……"句型及饮料词语	汪海霞 /	126
案例 34	巧用视频辅助可能补语的教学 ——以"V+得/不+懂"及"V+得/不+完"为例	许昌茹 /	130
案例 35	巧用视频辅助练习常用动词	袁　锟 /	136
案例 36	利用自拍视频进行语言点作业设计	戴　嫕 /	139
案例 37	巧用逸闻趣事的图片辅助语法教学	王秋雨 /	143
案例 38	利用动态图片辅助学习语气助词"了$_2$"	王兰婷 /	148
案例 39	巧用图片辅助练习"把"字句	柴清红 /	153
案例 40	利用视频、图片辅助学习成语"立竿见影"	沙　茜 /	157

附录：多媒体软件资源一览表　　　　　　　　　　　　　　160

使用教育类、效率类软件或网站辅助汉语教学

案例 1

利用 Puppet Pals 2 进行单元综合表达训练

张婕妤

 一 案例导入

1. **教学内容**

   "饮食"单元的综合表达训练。

2. **教学背景**

   课　　型：综合课，本案例为单元综合复习课

   教　　材：《快乐汉语》第一册，第 3 单元 "饮食"
   （人民教育出版社，2009 年）

   教学对象：美国中学短期入门级汉语选修课[1]学生，12～14 岁，共 12 人。其中一个学生是第 2 次选修短期汉语课，其他学生均为第一次接触汉语。学生目前已学习 30 个学时，可以用汉语打招呼、询问家庭成员、陈述数字等简单信息，能够认读课文中复现率较高的汉字，如 "你、我、他、是" 等。

   教学时长：50 分钟

3. **多媒体手段**

   Puppet Pals 2 软件

4. **教学目标**

   语言目标：学生能够运用本单元学过的与饮食相关的词语和 "你吃 / 喝 / 要 / 喜欢什么？" 等句式进行对话。

   文化目标：学生了解中国和饮食有关的场景信息，如餐厅、菜市场等。

1　该课程以听说训练为主，目标是学习简单的日常表达和了解与课文主题有关的中国文化。

任务设计

(一) 课前准备

1. 准备设备

在课前准备好 3 个 iPad，安装好 Puppet Pals 2 软件后，在软件的场景设置里增加具有中国特色的"菜市场""餐厅""公园"等背景照片，供学生选用。

2. 准备剧本范例

准备一个剧本范例，供学生参考，如：

剧本范例（餐厅）

A：早上好，你们要什么？

B：我要面包。C，你呢？

C：我也要面包。你喝咖啡吗？

B：我不喜欢咖啡，我喝果汁。你呢？

C：我喝咖啡。

A：好。B，你要面包和果汁。C，你要面包和咖啡。是吗？

B&C：是的，谢谢。

3. 准备图片

准备一些食物的图片，并在每张图片上标记一个不同的数字。

(二) 课堂活动（50 分钟）

1. 复习词汇（5 分钟）

利用准备好的食物图片来复习本单元的词语：

牛奶　咖啡　果汁　汽水　茶　水果　苹果　海鲜

菜　牛肉　鱼　鸡蛋　米饭　面条　面包

老师说词语，学生用中文说出对应图片上的数字；老师说数字，学生用中文说出对应图片上的物品名称。

2. 复习句型（5 分钟）

通过师生问答、生生替换动词问答的方式依次复习以下三段对话。

对话 1：A：你吃 / 喝 / 要 / 喜欢 +……+ 吗？

B：我吃 / 喝 / 要 / 喜欢 +……。

／我不吃 / 喝 / 要 / 喜欢 +……。

对话 2：A：你吃 / 喝 / 要 / 喜欢什么？

B：我吃 / 喝 / 要 / 喜欢 +……。

选择用 Puppet Pals 2 来制作视频是因为该软件操作简单，无需外接录音设备，用户可以自己设置场景，还可以直接将制作好的视频通过邮件分享给别人。

学生学习汉语的时间较短，自由表达能力还比较弱。提供一份完整的剧本范例可以让学生更清楚如何完成自己的剧本。

因为学生在上一单元"家庭成员"中学习了数字的表达，在下一单元"中文课"中要学习"星期"的表达，所以这里采用数字、图片对应练习，让学生同时复习数字。

对话3：A：我吃／喝／要／喜欢+……。你呢？
B：我也吃／喝／要／喜欢+……。
／我不吃／喝／要／喜欢+……。

> 复习对话3时，需要特别提醒学生在回答时视情况使用"也"。

3. 介绍 Puppet Pals 2 的使用流程（5分钟）

老师通过 PPT 展示及实际操作向学生演示如何使用 Puppet Pals 2。在软件中选择场景和人物后即可开始录制视频。点击或拖动人物可进行对话录音和肢体动作的设计。结束录制后视频会自动播放，确认无误后给视频命名，然后可选择保存或分享视频。

扫码观看软件使用说明（视频）

> 选择这三个场景是为了在呼应课本内容的同时给学生展示中国的真实情景。介绍中国的美式快餐厅、对中美市场进行比较可以拉近学生与中国餐饮文化的距离。
> 另外，老师准备的文化介绍需要有助于之后的头脑风暴练习。

4. 文化背景介绍（5分钟）

介绍完软件的使用方法后，老师从软件的"Photos"里依次选取餐厅、公园和菜市场这三个场景的图片，并结合图片介绍：在中国有很多非常流行的美式快餐店，这些快餐店为了迎合中国人的口味推出了不少中西结合的新式套餐；中国的公园相较于美国的公园更具封闭性，中国人野餐一般会准备方便携带的面包、水、饮料、火腿肠和煮鸡蛋等；中国人的菜市场类似美国的 farmer's market，以售卖鱼、肉、蔬菜、水果、熟食为主，也会卖一些日常生活用品，一般来说人们更习惯于在菜市场购买做饭的食材。

5. 分场景进行头脑风暴（10分钟）

老师和学生讨论在设计三个场景的对话时想要选用的核心动词和饮食类词语，并补充自己需要的词语。

> 头脑风暴让学生有机会对句型、词语再进行一次复习，并补充自己在该场景想要使用的一些词语，既丰富了表达又联系了自己的实际生活。

经过讨论，学生为公园场景补充了"甜甜圈""蛋糕"，为餐厅场景补充了"麦片""三明治""卷饼"，讨论"野餐"和"点菜"的时候用到了"我喜欢喝……""我喜欢吃……"这两个句型。"要""喜欢"成为菜市场场景对话的核心动词，"吃""喝""喜欢"成为公园和餐厅场景对话的核心动词。

6. 编写剧本并录制视频（15分钟）

老师将学生分为三组，每组通过抽签的方式确定创作场景，然后参照老师的范例综合运用三种对话方式编写剧本。老师巡视、答疑，并给完成剧本的小组发 iPad，让他们到指定的教室角落录制视频。

> 对三个场景的表达都做了准备工作后再抽签，可以让学生更愉快地接受自己的任务，完成创作。老师要在巡视中提出表达上的建议，鼓励学生丰富对话内容。

学生完成视频后，将其发送到老师的邮箱。

7. 回收视频和教具（5分钟）

老师检查各小组视频，确认发送成功后回收 iPad。

> 让学生分散在教室里的不同角落完成录制，避免录音时相互干扰。

教学后记

  1. 本案例为短期汉语课，学生年龄较小，习惯使用电脑等设备进行学习，汉语学习技能侧重听说，学生非常喜欢有机会用汉语表达自己，但是面对面的小组对话在单元复习的时候很难再激发学生的练习热情，因此老师需要向学生提供有意思的、有创造性的复习项目。本案例就是借助 Puppet Pals 2 这样一个视频制作软件来帮助学生主动地强化对单元句型、词语的掌握。学生根据特定的场景来挑选相宜的表达方式，还能够将制作成果展示给其他人，获得学习的阶段性成就感。

  2. 根据教学对象补充合适的词语非常重要，本案例通过老师介绍文化背景以及学生联想自己的生活经验，为本期话题补充了美国中学生常用的一些饮食类词语，对两国饮食文化的异同做了对比，也让师生对彼此的生活有了更进一步的了解。

  3. 该软件的设计非常有趣，但这也给课堂活动的有效开展造成了一定的干扰。老师在学生实际操作前要说明课堂规则，包括规定录制时间、强调课堂行为规范、给出剧本范例等，避免学生制作出搞笑却不符合语言训练目标的视频。

案例 2

巧用 Book Creator 制作图文并茂的有声书

赵英英

 案例导入

1. **教学内容**

   绘本《虫虫》的阅读、复述及有声书制作。

2. **教学背景**

   课　　型：阅读课

   使用教材：《虫虫》

   （中国文联出版社，2005 年）

   教学对象：美国某公立小学三年级中文沉浸班学生。他们从幼儿园开始学习中文，有最基本的口语表达能力，能够跟读中文、看图说话，但在日常交际中欠缺口语表达的机会；能够认读部分常见汉字，按要求抄写汉字和词语，但缺乏独立写作的能力。

   教学时长：50 分钟

3. **多媒体手段**

   智能白板、Book Creator 软件

4. **教学目标**

   学生能够根据图片完整地复述故事中的每一个句子，能够用拼音或者笔画输入法在电子设备中输入句子，制作一本有声书。

教学设计

1. 词语复习（5分钟）

（1）复习"星期"主题词语。（2分钟）

星期一　星期二　星期三　星期四　星期五

星期六　星期天

老师展示词卡，学生看词卡读出对应的词语。

一轮认读结束后，"开小火车"说词语。学生按顺序每人说一个词，从"星期一"到"星期天"，然后下一个人再从"星期一"开始。按序轮说，直到所有人都说过一次。

> "星期"主题词语是贯穿整个故事的时间线索，是最基础的词汇。通过"开小火车"形式，老师可以检测每个学生的掌握情况，同时集中全班学生的注意力。

（2）复习"水果"主题词语。（3分钟）

樱桃　葡萄　草莓　桃　梨　苹果

认读词语后，玩儿"猜猜看"游戏。老师把词卡放在手中，问："什么水果？"学生先举手猜，多数学生都回答之后老师再公布答案。

> "猜猜看"游戏能够调动学生的积极性。学生需要主动回顾所学的水果名称，并给出答案。
>
> 一个学生回答后，老师不着急点评，目的是让其他学生也开口说词语，以保证每个学生都有机会充分练习。

2. 短语和句型练习（13分钟）

（1）短语替换。（5分钟）

老师出示《虫虫》中的第一张图片，问："这是什么？"

学生回答："樱桃。"

老师提问："几个樱桃？"

学生回答："一个樱桃。"

老师逐一出示其他五张图片，引导学生依次练习短语"两个葡萄""三个草莓""四个桃""五个梨""六个苹果"。

> 当提到"两"的时候，老师提醒学生词前面一般用"两"代替"二"。

（2）句型替换。（8分钟）

用智能白板展示《虫虫》的六张主要图片。

老师手拿毛毛虫手偶对着图片，嘴里发出"咔嚓"的声音依次讲解图片：

咔嚓！它吃了一个樱桃。

咔嚓，咔嚓！它吃了两个葡萄。

咔嚓，咔嚓，咔嚓！它吃了三个草莓。

咔嚓，咔嚓，咔嚓，咔嚓！它吃了四个桃。

咔嚓，咔嚓，咔嚓，咔嚓，咔嚓！它吃了五个梨。

咔嚓，咔嚓，咔嚓，咔嚓，咔嚓，咔嚓！它吃了六个苹果！

老师出示汉字"吃"，用手势比划一个"口"字，让学生

> 加入拟声词"咔嚓"有助于帮助学生理解"吃"这个动作。小学生对反复出现的声音会非常感兴趣，听过几次之后会开始主动模仿。"咔嚓"的次数不同，对应的水果的数量就不同，这样也能帮助学生进行变量的替换练习。

> 老师挑选小助手是为了给学生清晰的示范，为后面的练习做铺垫。对同一个知识点有三遍以上不同形式的练习，能够保证知识的有效输入，且学生不易产生厌倦情绪。

猜猜"吃"的意思，然后公布答案。

老师挑选一位学生当小助手，进行配合练习。小助手分别说1～5次"咔嚓"，老师补充后面的句子。

角色调换：老师说"咔嚓"，小助手说后面的句子。

学生练习：两个学生一组，一人说"咔嚓"，另一人说句子。

3. **通读全文**（32分钟）

（1）讲故事。（7分钟）

老师通读全文内容，并用手势、动作及图片表达出"饱"和"蝴蝶"的意思。

星期一，它吃了一个樱桃。

星期二，它吃了两个葡萄。

星期三，它吃了三个草莓。

星期四，它吃了四个桃。

星期五，它吃了五个梨。

星期六，它吃了六个苹果。它吃饱了。

星期天，它变成了一只蝴蝶。

第二遍：学生跟老师一起讲故事。

第三遍：学生试着自己讲故事。

（2）理清故事思路。（5分钟）

根据文章的内容，老师以"流程图"的形式制作一个故事提纲，并标注关键词。（见图1）

> 流程图能够起到提纲挈领的作用，将全文的主干展示清楚，为后面的学生写作做好铺垫。

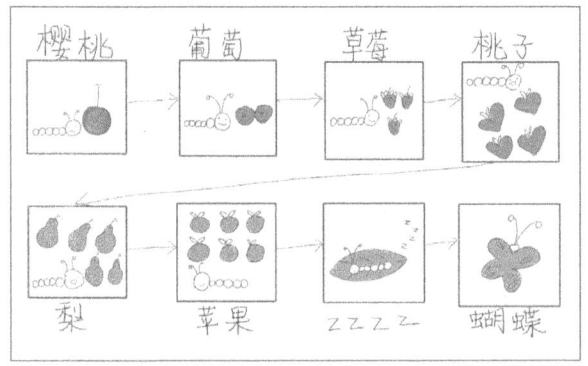

图1 《虫虫》故事提纲

（3）用Book Creator制作图文并茂的有声书。（20分钟）

老师将iPad连接到智能白板上，演示Book Creator的操作方法，并提出图书制作的要求。

1）打开Book Creator，并选择要制作的图书的形状。

2）制作图书封面。封面应包含图片、作者和书名等。

扫码观看软件使用说明（视频）

老师介绍插入图片的方法：图片可以从网络下载，从 iPad 相册中挑选，也可以直接手绘。

老师介绍两种不同的汉字输入方法：拼音输入和手写输入。当知道读音的时候可以用拼音输入法，不知道读音但知道字形的时候可以用手写输入法。

3）制作图书内文。添加新的页面，插入图片再输入相关的句子，比如第一页的句子"星期一，它吃了一个葡萄"。

4）添加语音。老师向学生介绍"录音"功能的使用方法。学生插入图片、输入句子后，再自己复述句子并录音。这样就完成了故事的"复述"。

老师讲解完后，学生自行完成整本书的制作。老师随时协助需要帮助的学生。

4. 新书发布会（可作为下一节课的内容）

学生阅读其他同学制作的有声书，给出自己的建议。

> 为了避免学生花大量时间找图片，老师可以提前下载好图片，并通过 Edmodo 软件、邮件、Google Drive 等方式发送给学生，学生将图片保存到相册中即可。

> 新书发布会是一个很好的作品展示方式。学生做完有声书之后可以用 Edmodo 软件将其共享给班级其他同学。

> 给学生展示自己写作成果的机会，能增加学生的成就感。

 教学后记

Book Creator 在本堂课中是"输出"的载体。学生在 Book Creator 中插入图片，用笔画或者拼音输入法来输入文字，同时复述全文内容并录音，制作出了完整的有声书，完成了本堂课设定的目标。

画图的任务对三年级学生来说显得"幼稚"而又浪费时间，但如果没有图片只有文字，又显得枯燥无味。Book Creator 支持直接插入图片，在技术上解决了这种两难的问题。录音功能是 Book Creator 的另一大优势，很多学生为了将一句话说得更流畅而反复录制，达到了不断练习的效果。

Book Creator 能够提高课堂教学的效率，增加学生学习的趣味性，但在整堂课的计划当中，它只是一个工具。为了让这个工具发挥它应有的作用，老师在前面做了很多的铺垫，包括词语、短语、句型和篇章学习，每一环节都是为了帮助学生更好地完成最后的"图书制作"的目标。如果没有前面的铺垫，直接让学生做任务，学生会出现不知道、不明白、不理解等很多状况，因此老师应该根据学生的实际情况来进行教学设计。另外，Book Creator 也不能完全取代书面写作，工具的使用一定要恰当，它的目的是为了辅助教学，而非主宰教学，切勿本末倒置。

案例 3

巧用 HelloChinese 进行音节拼读练习

王兰婷

 一 案例导入

1. **教学内容**

   利用中文学习软件 HelloChinese 进行音节拼读练习。

2. **教学背景**

   课　　型：语音课

   教　　材：《汉语教程》（修订本）第一册上，第 1～5 课
   　　　　　（北京语言大学出版社，2006 年）

   教学对象：墨西哥国立自治大学孔子学院一级班学生，汉语零基础，已经在孔子学院完成了 20 个小时的学习。该班学生均为成年人，主要包括在校大学生、在职人员和退休的老年人。对零基础的学生来说，发音非常重要，而墨西哥学生的母语为西班牙语，跟汉语有很大差别，所以汉语的发音对大部分学生来说很难。

   教学时长：50 分钟[1]

3. **多媒体手段**

   HelloChinese 软件

4. **教学目标**

   帮助学生练习汉语拼音的拼读，并掌握拼音的拼读规则和技巧。

---

[1] 墨西哥国立自治大学孔子学院成年班一次课为 2～2.5 小时，此处时间为语音课阶段。

教学设计

（一）课前准备

前一次课结束时，老师提醒学生本次课每位学生都要带一个电子设备来学校，可以是手机、电脑或者平板电脑。老师在本次课上课前指导学生将 HelloChinese 软件安装到自己的设备上。

> 让学生自己带设备，一方面是因为有的教学机构资源有限，不能为每个学生都提供设备；另一方面是因为将软件安装到学生自己的设备上，学生回家以后还可以继续练习。

（二）课堂活动（50分钟）

1. 复习学过的发音知识和要领（10分钟）

老师在前几节课已经介绍过汉语语音知识和发音要领，因此本次课先采用活动的形式进行复习。

老师在黑板上列出一些音节，然后把学生分成两组。每组各派出一个学生，老师分别给这两个学生一个苍蝇拍，然后老师读一个音节，两个学生需要在黑板上找到对应的音节并用苍蝇拍抢拍这个音节，最先拍到的同学得一分。然后两组再各派出另一个学生，听老师读音节并抢拍，直到所有学生都轮完。最后，统计两组得分，看哪一组得分最高。

2. 老师对 HelloChinese 软件进行简单介绍（3分钟）

（1）老师指导学生打开软件，可以看到软件中包含语音、词汇、动物、食物、颜色等不同板块的练习，指导学生打开语音部分。

（2）老师指导学生打开音节练习部分。

> 此款软件的优势在于所有声母、韵母、音节以及声调都配有发音示范。另外，语音练习本身是非常机械和枯燥的，我们使用中文软件来进行练习，可以大大地提高课堂趣味性和学习效率。

3. 音节拼读练习（35分钟）

HelloChinese 软件将音节练习分为三部分，第一部分是"a、o、e"和相关复韵母以及"b、p、m、f、d、t、n、l、g、k、h"，第二部分是"i"和相关复韵母以及"j、q、x、y"，第三部分是"u、ü"和相关复韵母以及"w、z、c、s、zh、ch、sh、r"。

（1）老师指导学生打开音节练习的第一部分，利用软件内容介绍音节的构成规则，并带学生集体复习音节，同时对韵母"a、ai、ao、an、ang、o、ou、ong、e、ei、en、eng、er"和声母"b、p、m、f、d、t、n、l、g、k、h"的发音进行复习。

复习步骤如下：

首先，老师带领全班同学集体认读该部分的韵母和声母。

然后，老师让学生使用软件自由练习韵母和声母的发音，

扫码观看软件使用说明（视频）

> 相关的语音知识，老师在前几节课已经讲过了，在这里只做复习，可以很快带过。当然老师也可以在教语音的第一堂课就使用本款软件辅助教学。

老师巡视纠音。本软件为每个韵母和声母都配有录音，学生只需要点击某个韵母或者声母，就会听到对应的发音，学生可以跟读模仿。

最后，老师随机点名，让学生认读声母和韵母，检查学生的练习效果。这一环节，老师需要准备拼音挂图或者PPT。

（2）老师指导学生进行音节练习，并让学生跟着软件中的音频进行发音模仿和练习。做发音练习时，软件会出示音节并给出示范发音，学生听完示范发音之后，自己读出该音节并进行录音，软件根据录音判断发音正误。如不正确，学生需要反复练习直到发音正确为止。这个环节，学生自由练习，老师巡视并纠正学生不标准的发音。

> 学生在课下也可以跟读模仿、反复练习。

（3）发音测试。本环节以小组的形式进行，老师将学生分为若干组，每组三个学生。发音测试有两种形式，一种是听录音选择正确的音节，另一种是听录音选择正确的声母和韵母。

（4）按照相同的步骤，练习第二部分和第三部分。

3. 教学总结和布置课后作业（2分钟）

老师总结本课的学习情况，并布置课后作业：完成软件语音部分最后一个练习环节，即综合测试题。

三　教学后记

语音教学是语言教学尤其是初级汉语教学的重中之重，但语音练习又比较机械乏味。因此，如何既能让学生打好语音基础又能够让练习生动有趣，对老师来说是一个很大的难题。而HelloChinese这个软件有效地将现代科技和语音学习结合起来，大大地提高了学生学习汉语发音的兴趣和效率；同时，该软件配有相应的发音讲解、发音音频和发音测试，学生们可以在课下跟读模仿、反复练习，这样也可以减轻老师上课时的任务量。

本案例中我选择英语作为媒介语来展示软件的使用，事实上，该软件支持多个语种，可满足不同国家学生的需求。实际给墨西哥学生上课时，我主要使用西班牙语。

案例 4

巧用 Chinese Mandarin Alpha Team 辅助汉字教学

王兰婷

 一 案例导入

1. **教学内容**

    使用中文学习软件 Chinese Mandarin Alpha Team 巩固所学词语和汉字。

2. **教学背景**

    课　　型：汉字课

    教　　材：《跟我学汉语》（西班牙语版）第一册，第 31 课《你哪儿不舒服》
    （人民教育出版社，2009 年）

    教学对象：墨西哥国立自治大学孔子学院 12～15 岁的学生，共 11 人，已经学过一年汉语，掌握了 200 个词语。该班学生的特点是听说能力强于读写能力，在汉字认读和书写方面水平较弱。

    教学时长：60 分钟

3. **多媒体手段**

    Chinese Mandarin Alpha Team 软件

4. **教学目标**

    帮助学生复习之前学过的词语和汉字，熟练掌握各身体部位的名称以及对应汉字的音、形、义，并学会书写重点汉字。

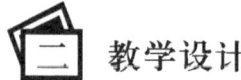 教学设计

1. 复习上节课所学的身体部位的词语和汉字（10分钟）

（1）老师带领学生复习。老师说出一个身体部位的名称，学生要用手指向自己对应的身体部位。

（2）老师展示人体图，并将写有身体部位名称汉字的卡片发给学生，让学生将卡片贴到图片中对应的身体部位上。

2. 利用游戏巩固生词和汉字（37分钟）

（1）简单介绍Chinese Mandarin Alpha Team软件。（2分钟）

老师引导学生打开软件，并简单介绍软件的功能。

（2）选择练习内容。（2分钟）

软件中有数字、动物、颜色等不同的板块。本次课复习身体部位的词语和汉字，所以选择"身体部位"练习。

（3）选择相应的级别。（3分钟）

每个板块均有十个级别，按照由易到难的顺序排列，数字越大，难度越高。由于课堂上时间有限，老师仅指导学生进行前三级的练习。

第一级游戏，系统给出一个英文单词和对应汉语词的发音，要求学生选出对应的汉字。每选对一次可获得相应得分，最后计算总分。

第二级游戏的形式与第一级相同，只是难度有所增加，汉字选项由两个增加到三个。

第三级游戏的形式有所改变，在这一级系统给出的是汉字，同时有汉语发音，要求学生根据汉字和汉语发音从三个英语单词选项中选出正确的词。

（4）练习环节（30分钟）

第一步，学生自由练习，熟悉软件的使用方法。（10分钟）

第二步，学生同时开始第一级游戏，看哪一个学生得分最高。然后进行第二级游戏。（10分钟）

第三步，老师将学生分成三或四组进行第三级的游戏，分小组比赛，看哪个组在规定时间内总得分最高，并对获胜小组给予奖励。为了强化复习效果，本步骤在课堂上可以进行两到三次。（10分钟）

3. 教学生书写重点汉字（10分钟）

学生通过以上练习复习了汉字的音、形、义，能做到识别词语和汉字，却并没有掌握这些汉字的书写方法，所以老师还

Chinese Mandarin Alpha Team以网络游戏的形式进行汉字练习，抓住了青少年和儿童的特点，大大激发了学生学习的兴趣和效率。

学生刚开始不熟悉软件，所以老师需要给学生自由练习的时间，一方面是为了让学生熟悉软件，另一方面也是为了让学生更好地识记所练习的词语和汉字。

进行个人比赛和小组比赛，并给予相应的奖励，可以激发学生练习的积极性，提高练习的效果。

要教会学生如何书写重点汉字。

重点汉字：手、头、腿、脚、鼻、眼、睛。

4. 布置课后作业（3分钟）

要求学生课后继续做剩下的其他级别游戏的练习。老师规定完成练习的最低得分并在下一次课检查学生的完成情况。

> 这个部分主要是介绍重点汉字的书写方法，侧重汉字的笔画、笔顺，并介绍每个汉字字形的由来。

 教学后记

汉字对外国人特别是外国孩子来说是比较难的，Chinese Mandarin Alpha Team 软件有效地将游戏和汉字学习结合起来，大大地提高了学生记忆汉字的趣味性和效率；同时，软件引入竞争机制，让学生们进行比赛，激发学生的学习热情。

游戏虽然可以极大地提高学生学习汉语的兴趣，但在操作过程中，老师一定要控制好课堂秩序，否则很有可能造成学生贪图游戏却没有真正完成学习任务的情况。

该软件目前只有英语释义，个别墨西哥学生使用时可能有些困难。但因为这是针对汉字的练习，而大部分学生都会说英语，而且软件有汉语发音，所以问题不太大。

另外，该软件个别词语的发音不是特别准确，老师在使用时要注意甄别并提醒学生学习正确发音。

案例 5

使用谷歌表格编写、阅读爱情故事

陆熙雯

 一 案例导入

1. **教学内容**

   使用谷歌表格（Google Sheets）编写、阅读爱情故事。

2. **教学背景**

   课　　型：写作课

   使用教材：《中文听说读写》（第三版）一年级下册，第 16 课《约会》（Cheng & Tsui 出版社，2008 年）

   教学对象：美国某大学中文项目华裔班学生，可以用中文完成基本的生活交流，但在认读和书写汉字方面水平差异较大。有的学生可以认读 200～300 个汉字，上大学前曾经练习过书写汉字；有的学生从没有上过任何中文课程，可认读的汉字少于 50 个，从未学过书写汉字。

   教学时长：50 分钟

3. **多媒体手段**

   谷歌表格软件

4. **教学目标**

   帮助学生构思一个爱情故事，让学生了解中文的叙述方法；通过用电脑打汉字的方式让学生提高汉字输入的准确性和成段表达的能力；学生认读同学所写的内容，以此锻炼、提高阅读能力。

教学设计

（一）课前准备

老师在谷歌表格上创建一个可让所有学生共享的表格，并给每位学生分别制作一个标签页，在页面中为学生列出叙述一个故事需要包括的基本内容，如时间、地点、人物、外貌描写、故事背景等，如图1。

该校的网络办公系统是由谷歌公司提供的，每个学生的学校邮箱都有权限登录、使用谷歌在线文档系统，因此学生使用谷歌表格非常方便。老师可以通过邮件邀请本班学生，学生只需要用自己的邮箱登录即可。其他老师可根据实际情况选用合适的在线资源，前提是学生可以在线进行实时编辑，并且所有学生输入的内容其他人都能即时阅读。

图1　在谷歌表格上创建共享表格

（二）课堂活动（50分钟）

1. 复习学过的关于身体部位和外貌的词语（2分钟）

脸　眼睛　鼻子　嘴　头发　耳朵　眉毛

牙齿　腿　个子　身材

从学生已经学过的内容入手，便于缓解学生对写作的焦虑感。

2. 练习一：外貌描写练习（5分钟）

让学生找一位自己最喜欢的明星，并用3～5句话描写这位明星的外貌。学生可以写完后把内容复制到自己的标签页中，或者直接在自己的标签页上进行写作，如图2。

选择一位明星而非真实生活中的人物，让学生描述时更放松，更敢放手去写。

图2　人物外貌描写练习

3. 练习二：阅读练习（5分钟）

学生完成外貌练习后，老师和所有学生都可以在自己的电脑上看到每位学生所写的内容。老师要求学生用2分钟的时间快速阅读其他所有同学的描写，并让学生找出他觉得最好或最有意思的一个描写，当堂诵读。在学生诵读的同时，老师通过投影仪将所读段落投射在大屏幕上，如果发现汉字输入错误则及时指出，并要求写这段话的学生立即改正。

4. 启发性讨论（10分钟）

师：一个好的故事，需要包括哪些内容？

老师与学生一起讨论叙述一个故事需要包括的内容。如果学生提到的内容有道理但不在老师给出的列表内，可以让学生自己添加到表格中。

师：你喜欢什么类型的爱情故事，浪漫的？有趣的？感人的？……

通过这样的讨论，让学生明白描述一个故事时除了说明故事的基本要素，还应该为故事注入情感，比如浪漫或悲伤，这样写出的故事才有可读性。

师：如果要你讲一个爱情故事，你会从什么开始讲起？

让学生两人一组进行讨论，讨论后老师可以选一两个组报告他们的讨论结果。

5. 布置写作任务（5分钟）

任务：写一个爱情故事，可以是自己或他人的经历，也可以是虚构出来的自己最喜欢的明星的爱情故事。

6. 罗列叙述内容（10分钟）

让学生构思一个爱情故事，并在谷歌表格上列出这个故事的基本内容。

下面是两位学生列出的内容[1]（见图3、图4）：

	A	B
1	时间	去年暑假
2	地点	越南
3	谁	我和一个男人。他比我大两岁。
4	外貌	他很可爱。他的皮肤被晒得很黑，脸圆圆的。眼睛大大的，可是他要戴眼镜。鼻子高高的。
5	故事背景	我们一起在布兰代斯大学上课，他是四年级的学生。我是新生。我们第一次见面的时候是在越南布兰戴斯大学校友会上。
6	做了什么	他请我吃饭，去看电影，有的时候，我们去咖啡店，一边喝咖啡，一边一起聊天儿。
7	说了什么重要的话	因为他是布兰戴斯大学的老生，所以上学以前，他帮我准备，也给我建议。另外，我们有很多一样的爱好。所以跟他一起聊天儿很有意思。我觉得他很厉害，也很聪明。
8	细节描写	在越南，我们每天一起出去玩儿。暑假的时候我们都有做实习。他每天早儿来我的家接我去公司。下班的时候，他来我的公司接我。我的父母都很喜欢他。他们对他很满意。他们说他一定是一个很好的男人，又有礼貌又用功。
9	结果	他最后向我，我想不得不成为他的女朋友。
10	什么让这个故事很特别	这是第一次，我的父母喜欢我的男朋友。我的父母不喜欢我以前的男朋友，他们甚至禁止我跟他们会。所以这个时候我真的很高兴。再说我的男朋友也在布兰戴斯大学上学，所以约会更方便。
11		

图3　学生一练习实录

---
[1] 为展示学生写作的真实情况，内容未做改动。

当堂诵读同学的写作内容，一方面可以帮助学生提高认读汉字的能力，另一方面有助于增强学生的写作信心。因为有大屏幕投影，其他学生也可以一起跟着默读。阅读本身是一件枯燥的事，但因为读的是同学的作品，学生们都饶有兴致。

谷歌表格上的修改都是实时的，修改的过程其他学生都能通过大屏幕看到，这样可以在全体学生中强化个别字词的拼写和认读。

学生很难在一节课内就完成整个写作任务，因此可以将写作任务分为两个部分，一部分是在课堂上搭建"脚手架"、罗列陈述内容，另一部分则由学生在课后独立完成。

在学生罗列内容的过程中，老师要不断查看每位学生写作的具体内容，并帮助他们在语法、用词方面进行改进，这样才能最大程度上保证其他学生读到的内容是正确的。

	A	B
1	时间	每天早晨。二十年后。
2	地点	一个大城市。法国饭馆。
3	谁	两个人,一个男人,包菜,人们不叫他他的真的名字。一个女人,小饺子。我是谁你别管,你就想这两个人。
4	外貌	他们的头发都是棕色的
5	故事背景	两个人每天都在这饭馆吃早饭。我知到他们会很喜欢对方,但是他们不知到。
6	做了什么	每天吃早饭。他们每天看到对方,但是没想到他们会很喜欢对方
7	说了什么重要的话	他们只讲过一次话,很简单,后来就没有再讲了。
8	细节描写	有一天服务员弄洒了咖啡,饭馆着火了。
9	结果	他们不会知道他们在一起会很合适。
10	什么让这个故事很特别	缘分
11		
12		
13		

图 4 学生二练习实录

7. 阅读并讨论（10 分钟）

让学生阅读其他同学列出的故事要点，然后选出自己觉得最有潜力的一个故事，可以是最浪漫的、最伤心的、最有意思的……

老师带领学生进行讨论，让每位学生说说自己觉得最有潜力的故事：首先让学生简单描述这个故事，然后让学生说一说为什么他觉得这个故事最有潜力。

8. 布置课后作业：完成作文（3 分钟）

要求学生进一步扩充自己列出的故事要点，完成这个爱情故事。

> 在大屏幕上展示每位学生提到的故事，再次借机帮助学生提高认读能力。
>
> 通过讨论，帮助学生进一步理清故事思路。

三 教学后记

由于该班学生汉语阅读水平差异很大，面对同样一篇课文，有的学生认读毫不费力，有的学生却基本不能认读。针对这样的情况，老师需要设计一些开放性的练习，让不同水平的学生都能够学到更多的知识，而电脑打字和网络平台共享就是很好的辅助教学手段。

华裔学生的一个普遍特点是叙述能力弱，因此从第一个学期开始，老师就帮助学生培养叙述能力，包括描写顺序、时间词的使用等等。即便如此，第一次让学生写一篇故事时，学生仍可能感到手足无措。本案例采用了搭"脚手架"的方式，先帮助学生写出叙述文必须要有的一些内容，然后通过讨论，帮助学生进一步明确写作的方向，拓展故事的内容，最后再让学生完成写作。学生普遍反映这样的写作练习更有效，更容易抓住重点，也能减轻他们写作的焦虑感。

认读汉字也是华裔班学生普遍面临的难题之一。机械操练枯燥无味，而借助有意义的练习，学生读起汉字来就有了目的性和趣味性。本案例不但可以让学生锻炼组织语言的能力，同时也很好地锻炼了学生的汉字认读能力，一举两得。需要注意的一点是，老师要在学生写句子的过程中尽快阅读所有学生的句子并指出其中的错误,让学生立即改正,这样才能有效降低其他学生读到错误字、句的可能性。另外,汉字认读能力不是一两次练习就可以提高的,需要反复练习才能取得效果,因此,这种穿插于教学主题中的认读练习应该尽可能多次出现。

案例 6

利用 iChineseReader 进行阅读教学
——以"饮食"主题教学为例

李妙言

 一 案例导入

1. **教学内容**

    利用中文分级阅读网站 iChineseReader 进行中文分级指导阅读（guided reading）和差异化教学（differentiation）。

2. **教学背景**

    课　　型：阅读课

    使用教材：《轻松学中文》（英文版）第三册，第 12 课《外出就餐》

    　　　　　（北京语言大学出版社，2007 年）

    教学对象：美国某公立小学中文沉浸班四、五年级混班，学生 10～11 岁，已学习四五年中文，每天学习两个小时左右，同时还用中文学习数学和自然科学。绝大部分学生能用中文进行日常对话，掌握基本汉字的读写，但是学生个体水平差异较大。

    教学时长：65 分钟

3. **多媒体手段**

    iChineseReader 网站

4. **教学目标**

    学生能够提高在阅读中预判和总结信息的能力。

二 教学设计

（一）课前准备

1. 老师为学生在 iChineseReader 网站上注册学生账号，教学生如何登录账号、查看 Assignment（作业），如何阅读、录音和打字。

2. 利用 iChineseReader 里的 Benchmark（检测）功能对学生的水平进行测试，根据学生的水平进行分组。

3. 给不同水平的学生布置不同级别的图书阅读作业。（见图1）

> 给学生分组时，建议每组不要超过6个人。
>
> 依次点击 Classroom Management、Create Assignment，选择一组学生，然后从左侧的 Proficiency Level 里选择适合该组学生的绘本。

图1　给学生布置阅读作业

（二）课堂活动（65分钟）

1. 老师将课程目标写在白板上，带领学生读课程目标：学生能够提高在阅读中预判和总结信息的能力。老师讲解目标的含义，并随机叫一位学生来回答他们在课程结束后要掌握什么能力。（5分钟）

2. 让全班学生坐到白板前，然后老师从 iChineseReader 里选择图书《中国菜》并指导学生进行阅读。（15分钟）

（1）不显示图书的文字、拼音，并关掉自动朗读功能，让学生看封面猜测故事的主题。

（2）老师带领学生看每一页的插图，让学生猜这一页讲的是什么，接下来会发生什么。

（3）看完全书的插图后，老师选择显示文字和拼音，从第一页开始逐字念给学生听。

> 学生在明白课程目标之后会学得更有针对性。
>
> 老师指导阅读的图书的难度可以比学生水平略高一些。
>
> 不显示文字和拼音是为了让学生先通过看图来预判情节，也是不希望学生因为看到很多文字而产生畏难情绪。
>
> 将自动朗读功能关掉，由老师念给学生听，这样老师可以随时停下来，方便师生互动。

（4）老师读完后让学生总结全文大意。

3. 学生独立完成老师布置的阅读任务：登录自己的 iChineseReader 账户，点击 Assignment 查看作业；一边阅读一边预判后面的剧情，读完后用自己的话总结全书，然后利用网站的录音功能将自己的总结录下来。（45 分钟）

> 网站带有录音功能，学生点击图书页面上的小话筒图标即可录音。如果学生水平较高，也可以把自己的总结整理成文字打出来（点击图书页面上的小铅笔图标即可打字）。

4. 分组指导性阅读：学生进行独立练习的同时，老师每 15～20 分钟对一组学生进行分组教学（指导性阅读）。

老师从符合该组中文水平的图书里选择一本，然后重复全班教学的步骤，让学生预判阅读并总结该书的内容。完成后让该组学生回到自己的座位上继续进行独立练习，老师再指导下一组学生。

 三 教学后记

差异化教学一直是教学中非常重要的一个话题。英文阅读有着完善的阅读分级系统，所以老师可以利用同一篇文章（但是不同难度）来教不同水平的学生同样的阅读技巧，比如"预判和总结"〔美国《各州共同核心标准》(*Common Core State Standards*) 里的要求〕。美国教师往往会在全班学生进行独立阅读的时候，抽出一组学生进行差异化教学，或者利用 Daily 5 教学法（全班分为五组：自己独立阅读、读给自己的同伴听、边听边读、单词练习、写作/老师辅导）进行教学。因为篇幅有限，我在本案例中没有详细介绍 Daily 5 教学法。

美国的阅读教学法是一个非常完善的教学体系，有很多值得中文老师学习的地方。传统意义上我们总觉得学生认识了生词和句型便能够阅读，但是学生阅读之后可能并不理解或者读完就忘，原因就是老师只教了如何解读（decode），却没有教阅读技巧。阅读技巧并不是阅读者能够自然习得的方法，需要教师用明确的教学法（explicit teaching）一步步地讲解大脑中的思维过程（think aloud）（第一步 I do/demonstration），并辅以大量练习（第二步 we do/guided practice，第三步 you do/independent practice），学生才能够逐步掌握这个技巧。

中文分级阅读因为并不完善，而且中文不能像英语或西班牙语等可以拼读出来，所以实施差异化分级阅读比较困难。不过 iChineseReader 里有 20 个级别的分级绘本，基本上可以满足绝大多数中文学习者的需要。因为网站有语音朗读和字典查询功能，所以学生也可以进行独立阅读。

案例 7

使用混合学习法进行零起点汉语的翻转教学

曹 芳

 案例导入

1. **教学内容**

   汉语拼音声母、韵母的拼读、变调规则及简单的生词、语法。

2. **教学背景**

   课　　型：综合课

   教　　材：《七小时说汉语》〔PALM Chinese（手里汉语）内部教材〕，第 3 课

   本教材适用于韩国零起点学生，共 10 课，建议授课时间为 7 小时。每课均按照"拼读练习＋声调练习＋生词学习＋语法操练"的结构体例编排，帮助学生快速了解汉语的基础知识。

   教学对象：在韩国生活的零起点学生，青少年及成人均可。使用视频教室时，一对一或一对多均可，为了保证学习质量，学生最多为 4 人。

   教学时长：学生通过 gglearn 软件提前背诵词语、练习单词发音，时间视个人能力及情况而定。视频教学授课时间约为 10 分钟。

3. **多媒体手段**

   gglearn 软件，PALM Korea 在线视频教室

4. **教学目标**

   （1）语音：学习 a 开头的韵母和声母的拼读。

   （2）语法：学习动词谓语句。

教学设计

(一) 预习：学生在课前使用 gglearn 软件进行预习

1. 预习拼音

学生使用软件跟读汉语拼音音节表（见图 1[1]），提前学习本课需要掌握的发音。

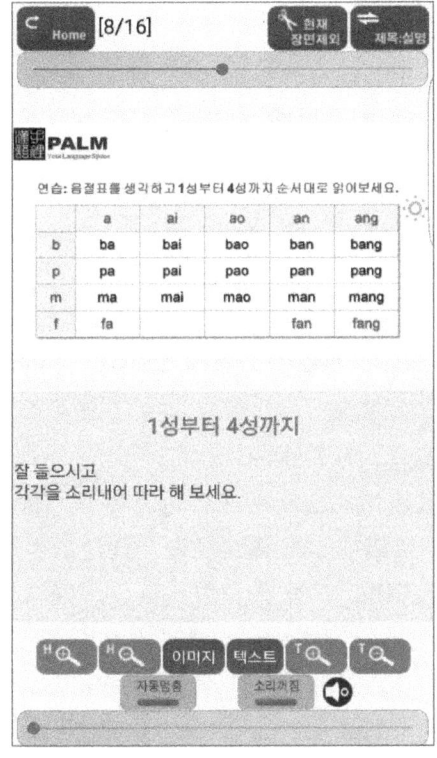

图 1

汉语拼音虽然和英语一样使用罗马字母，但是发音并不完全相同。如果在课堂上学习拼音发音的话，会占用大量时间。因此老师采用翻转课堂的方法，要求学生在课前用软件进行预习，初步掌握汉语拼音的发音。

如果已经熟悉本页发音，学生可以选择删除当前页，下次不再听这一内容。

长按软件页面上的小喇叭按钮可以选择音频重复的次数，方便学生在行走或乘坐交通工具时反复跟读。

2. 预习生词

生词记忆没有太多技巧可言，学生也可以在课前使用软件自学，为课堂学习语法做准备。（见图 2）为了不给学生太大的压力，每课的生词数量控制在 10 个以下。

---

1 图 1、2、6 为学习软件 gglearn 的手机页面内容。

借助调值图帮助学生掌握汉语拼音四个声调的正确发音。

例词的读音均为拼读表中出现过的音节。将音节具化为词，除了帮学生复习声韵拼读之外，也可以提高学生的学习兴趣。

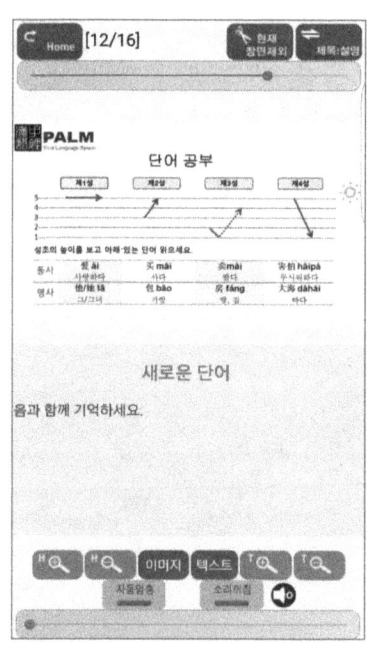

图 2

（二）学习：学生使用视频教室和老师进行实时学习（约 10 分钟）

1. 巩固拼音发音（2～3 分钟）

老师挑选较难或易混淆的发音进行抽查，检查学生的预习效果；纠正学生读错或不准确的发音，并让学生课后多练习。

2. 检查生词学习情况（2 分钟左右）

学生如果单纯使用软件学习，很难保持学习兴趣，容易中途放弃，因此需要通过视频教室模拟线下课堂，让学生和中国老师进行直接交流。

老师使用 PALM Korea 在线视频教室的白板功能进行书写、划重点，可最大限度模拟线下教室的教学场景。

老师要求学生朗读生词，检查学生的发音是否正确。（见图 3[1]）

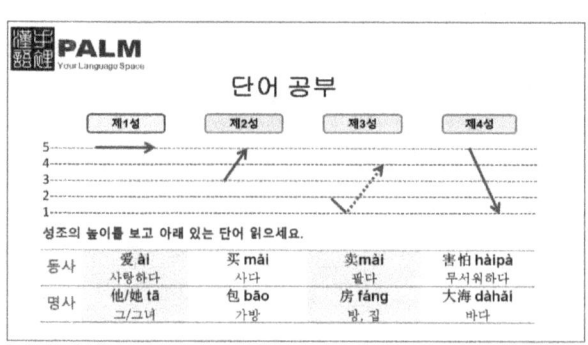

图 3

3. 学习语法结构（1～2 分钟）

老师简单讲解汉语动词谓语句及其与韩语相关表达的区别。（见图 4）

1　图 3～5 为《7 小时说汉语》的教学 PPT 页面。

图 4

通过对简单句子的学习，让学生了解汉语动词谓语句的语序。

通过对比韩语和汉语的句型，帮助学生了解汉语动词谓语句和韩语动词谓语句之间的区别，加深记忆。

4. 替换练习（5分钟左右）

让学生使用学过的词进行替换练习，熟练掌握语法结构。（见图5）

图 5

学生按照语法结构套入相应词性的词，组成动词谓语句。

（三）复习：学生在课后使用软件进行复习（见图6）

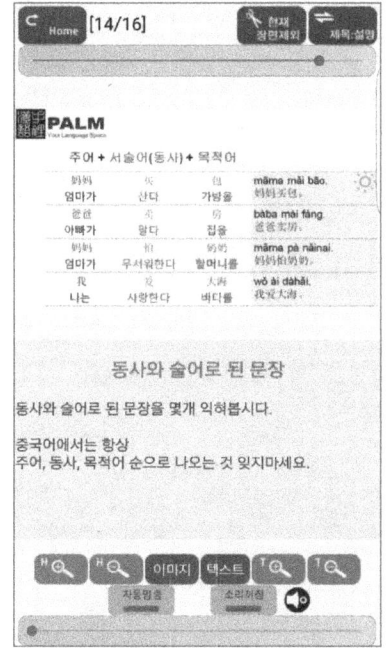

图 6

上课时老师已进行过讲解和纠正。学生在课下自行练习即可。

教学后记

　　汉语学习的初级阶段需要大量的发音练习，这些练习如果都放在课堂上完成，会占用时间，降低学习效率。特别是上小组课时，每个人的学习能力不同，老师很难做到一碗水端平，教学进度过快或过慢都有可能影响学生的学习积极性。

　　"翻转学习法"要求学生在课前完成需要机械性练习的部分，学生可根据自己的学习能力和需求决定自己在课下花费多长时间进行预习。上课时，老师只进行纠正错误和讲解难点的工作，学生的学习能力对教学进度不会产生太大影响。另外，如果学生对学习内容掌握得不够好，课下还可以使用智能手机利用碎片时间继续学习。这样的混合式教学方法可以最大限度地消除小组成员学习能力不同带来的影响，可以更好地平衡学习进度，帮助学生保持学习兴趣。

案例 8

自编自演生活小"电影",在活动型课堂中学习"活的汉语"

曹　芳

 一　案例导入

1. **教学内容**

    老师设定生活中任意场景的主题,由学生自由发挥,编写对话台词。老师修改台词后,让学生背诵。学生在室外真实场景中分角色表演,并拍摄成视频。

2. **教学背景**

    课　　型:中级口语课

    教　　材:学生自行编写,老师修改后结集成册

    教学对象:初到中国的韩国学生,希望尽快熟悉汉语的生活口语,提高生存能力。

    教学时长:2小时左右

3. **多媒体手段**

    Trello 软件

4. **教学目标**

    (1) 学生在编写台词过程中动手动脑,写出自己最想用的表达。

    (2) 学生在表演过程中反复背诵,熟记台词。

    (3) 学生熟悉各个生活场景中的常见对话,提高在中国的生存能力。

二 教学设计

每个学生的生存汉语课程名称由学生自己决定。将课堂的一部分主导权交给学生，会激发学生的责任感，提高其积极性，让学生更积极主动地参与学习过程，而不只是被动接受老师教授的内容。

确定要拍摄的情节后，由学生自己列出在该情节会出现的对话场景。老师进行修改补充即可，不要过多干涉学生的思考过程。

1. **编写剧本**（60分钟）

（1）确定剧本大纲。（10分钟）

老师和学生一起决定一个剧本主题，例如"在餐厅用餐"，然后由学生说出在餐厅用餐会出现的各种情节，列出剧本大纲（见图1）。

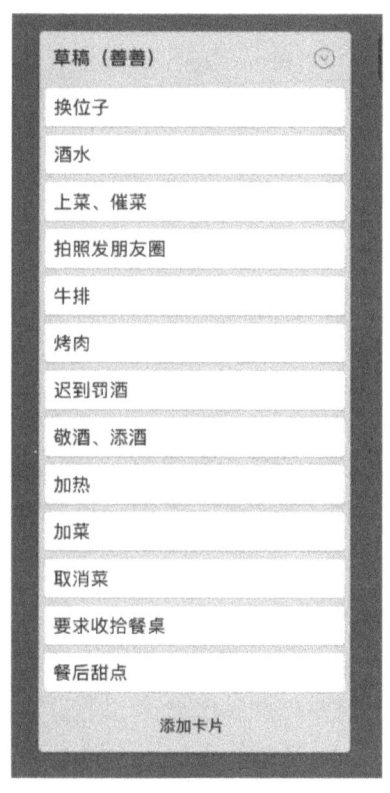

图 1

（2）学生写剧本草稿。（30分钟）

学生按照场景要求，写出10句左右的短对话。要求对话尽量有特色，不要和教材雷同。

在本案例中，学生提到了她认为很有特色的"用平板电脑点菜"。（见图2）

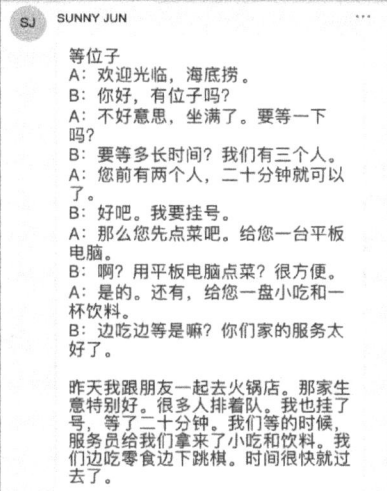

图 2[1]

除了写对话以外,还要求学生写一段叙述文字,锻炼学生说明情况的能力。

（3）老师修改剧本及讲解。（20 分钟）

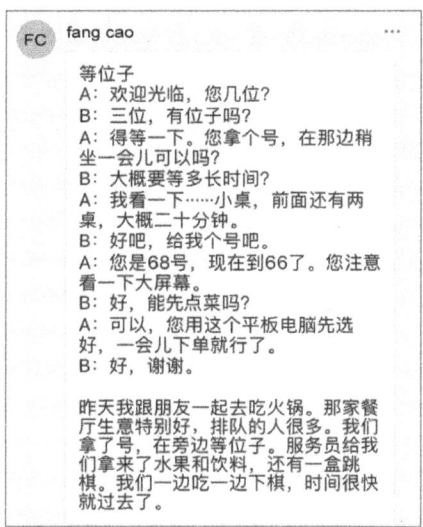

图 3

老师除了纠正语法错误和用词错误外,还要把学生的剧本改得更生动,更接地气。

A. 修改错误：

a."您前有两个号" → "前面还有两桌"。

b."挂号" → "给我个号"。

B. 增加常用表达：

a."注意看一下大屏幕"。

b."下单"。

2. 拍摄微电影

（1）背台词。（20 ~ 30 分钟）

剧本定稿之后,老师带学生朗读剧本,纠正学生不标准的发音,让学生熟读并背诵台词。

（2）组织拍摄。（时间视情况而定）

学生询问有时间有兴趣的老师、同学甚至路人,邀请他们担任演员。大家拿剧本开会,进行拍摄任务的分工说明。

不可否认,学习外语最有效的方法就是"背",学生自己写的内容相对于教材来说更容易背诵。

学习外语的主要目的是交际。视频拍摄之前的组织工作其实也可以为学生创造开口机会。

---

1 为展示真实学习情况,未做任何修改。

（3）选择拍摄地点。（时间视情况而定）

学生按照剧本内容选定拍摄地点。如果要在餐厅、咖啡厅等公共场所拍摄，也要求学生自己去沟通安排，为拍摄做准备。

（4）实景拍摄。（20～30分钟）

学生按照剧本表演并进行拍摄。

3. 视频分享、讨论（30分钟左右）

要求学生复述场景，练习叙述能力。老师设计一些话题，和学生进行讨论，帮助学生了解本国文化和中国文化的异同。

老师将学生口述的内容记录下来，和剧本一起结集成册。

> 学生在实际场景中表演自己写的台词，印象非常深刻，可以达到事半功倍的效果。
>
> 任何事情都需要仪式感，通过自己的努力积累出一份成果，会让学生更有成就感，激发学习兴趣。

三 教学后记

对汉语学习者进行学习目的调查后，我们发现很多学生提出要学习"活的汉语"，也就是希望自己学到的汉语在实际生活中可以派上用场。而目前市场上的汉语教学视频大部分是汉语老师们独立或者主导制作的，学生们还是处于被动接受的位置。

因此，在正规课程之余，我们也尝试了拍小"电影"的活动型课堂，希望由学生来主导，让学生深度参与，打破传统的教学模式，帮助学生们在玩儿中学。

使用专业软件或设备辅助汉语教学

案例 9

使用 Poll Everywhere 在课堂上练习汉字认读

陆熙雯

 一 案例导入

1. **教学内容**

   使用 Poll Everywhere 网站在课堂上练习汉字认读并复习句子结构。

2. **教学背景**

   课　　型：综合课，本案例为复习、导入环节

   使用教材：《中文听说读写》（第三版）一年级下册，第 18 课《运动》
   (Cheng & Tsui 出版社，2008 年)

   教学对象：美国某大学中文项目华裔班学生，可以用中文完成基本的生活交流，但在认读和书写汉字方面差异较大。有的学生可以认读 200～300 个汉字，上大学前曾经练习过书写汉字；有的学生从未上过任何中文课程，可认读的汉字少于 50 个，从未学过书写汉字。

   教学时长：20 分钟

3. **多媒体手段**

   Poll Everywhere 网站

4. **教学目标**

   在上课开始阶段帮助学生记住生词和生词中的常用字，让学生能在电脑上正确输入生词，提高汉字阅读能力和书面表达能力；同时复习第 15 课学过的"把"字句，为接下来学习"被"字句做准备。

教学设计

（一）课前准备

老师在 Poll Everywhere 上创建一个调查（poll），选择问答式调查（free response poll），开启投票选项，并告诉学生网站地址或者接收短信的号码。老师通过投影仪将自己的接收页面投放在大屏幕上。

> 如果老师只想简单或快速考查学生认读汉字的能力，也可以选择创建一个选择式调查（multiple choice poll）。学生可以使用安装了中文输入法的手机或者平板电脑等电子设备投票，对于一些不想背着电脑上课的学生来说，这样非常方便。

（二）课堂活动（20 分钟）

1. 生词练习环节一（4 分钟）

老师读出下列生词，学生将生词打出来并发送答案。

当然 简单 跑步 难受 网球
篮球 游泳 危险 淹死 愿意

学生发送的答案不断在大屏幕上滚动出现（如图 1），老师及时指出其中打错的字，并要求打错的学生改正。

> 因为投票是匿名的，即使老师指出了错误，也只有给出错误答案的学生知道是自己错了，并且可以参考屏幕上其他同学的答案立即重新输入，给出正确答案。这样做既可以纠正学生的错误，让学生通过同伴的答案学习提高，又可以减少学生因犯错而产生的尴尬和焦虑。

图 1

2. 生词练习环节二（3 分钟）

老师读出生词中的一些常用字，学生将其打出来。

然 胖 怕 跑 拍 球

从反馈的答案（见图 2）可见，有一位学生没有正确分清"球"和"求"，老师应立即指出并要求其重新输入。

> 与直接打出生词相比，打出单个字能更有效地让学生把注意力集中在字形上，有意识地从输入法中选出正确的字。

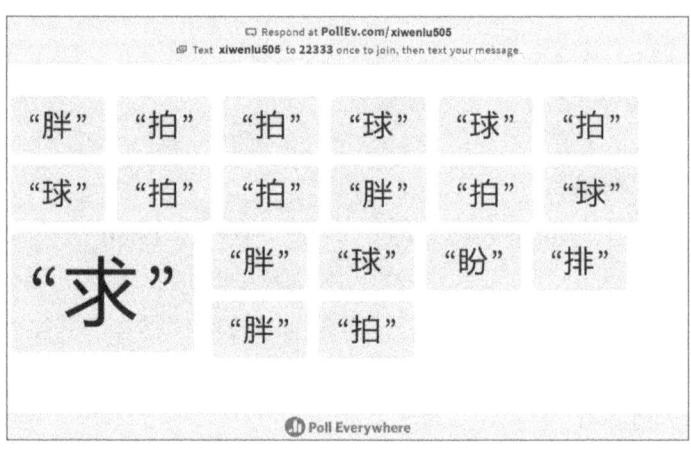

图 2

进一步锻炼学生认读汉字的能力和打字能力。

3. 生词练习环节三 (4 分钟)

老师用卡片给学生展示以下两个句子,请学生将句子打出来。

(1) 我当然不愿意每天跑步,太难受了!

(2) 我觉得游泳很危险,可能会淹死。

老师带着学生一起读大家发送的句子(见图 3),指出其中的错误并要求学生改正。

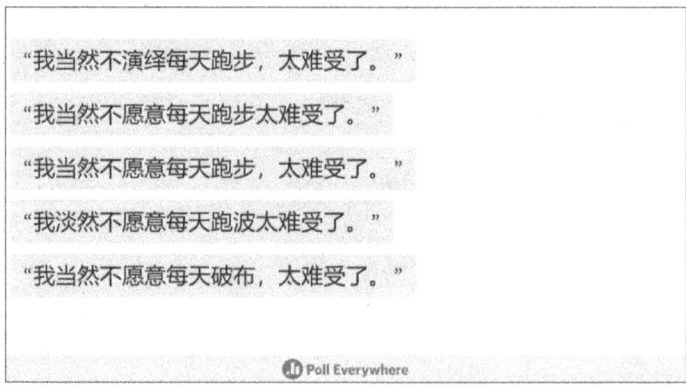

图 3

生词练习环节四也可以作为课后练习或作业布置给学生。

4. 生词练习环节四 (4 分钟)

老师出示一些图片(以图 4 为例),让学生用一句话描述图片内容(见图 5)。

图 4

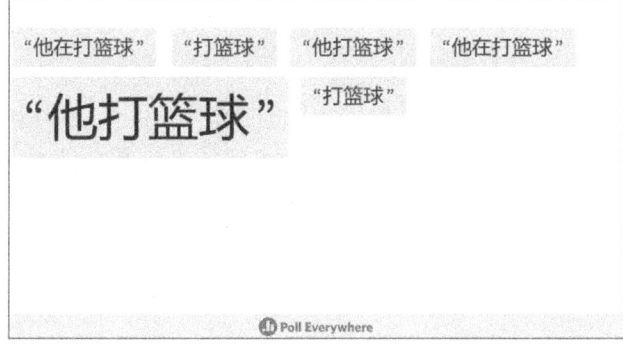

图 5

学生用所学句型描述图片并打出句子上传，既可以练习表达能力，也可以练习打字能力。

5. 复习"把"字句（5分钟）

本课要学习"被"字句，需要先将之前学过的"把"字句结合本课的生词进行复习。老师首先引导学生简单复习"把"字句，然后让学生用"把"字句描述一些图片（以图6为例），将句子打出来（见图7）。

图 6

图 7

 教学后记

　　华裔班学生的读写能力与听说能力差距很大，需要进行大量的读写练习。传统的读写练习比如抄写汉字等，会让课堂气氛枯燥沉闷，而利用网络和软件让学生在互动中认读汉字，随时将自己打出的词和句子公布于众人面前，可以激发学生的学习兴趣，让他们找到成就感。手机、平板电脑的使用也使这一练习形式更能迎合学生的喜好。

　　需要注意的是，使用电脑、手机、平板电脑时，学生比较容易分心走神。针对这一情况，老师一方面要加强课堂管理，另一方面要保持好练习的节奏，不给学生走神的机会。

案例 10

ClassDojo 在综合课导入环节中的应用

才源源

 案例导入

1. **教学内容**

   《急之国——中国人为什么丧失了慢的能力》[1] 文章教学。

2. **教学背景**

   课　　型：综合课，本案例为导入环节

   使用教材：自编教材，其中文章多来自中国的网络、报纸以及各类中学语文教材。

   教学对象：国际学校十年级中文母语班的学生，共20人，其中大部分学生有6年以上的国内公立学校中文学习背景，中文水平整体较高，基础扎实，文化积淀深厚，但普遍为沉静型学习者，课上发言不够主动，参与课堂活动的积极性不高。

   教学时长：40分钟

3. **教学内容**

   ClassDojo 网上教学管理系统

4. **教学目标**

   学生认识到急躁现象存在的现状，并探讨"急之国"的成因；在语言上，学生可以以准确流畅的语言表达自己的看法。

---

[1] 选自《新周刊》第327期（2010年7月15日），作者陈漠。

 教学设计

1. 点名及课前准备（约5分钟）

老师利用 Dojo Attendance（点名）功能记录考勤（见图1），并用 Dojo Feedback to negative（扣分）功能对没有带教材的同学进行扣分（见图2）。

屏幕展示点名页面，确认缺席学生。

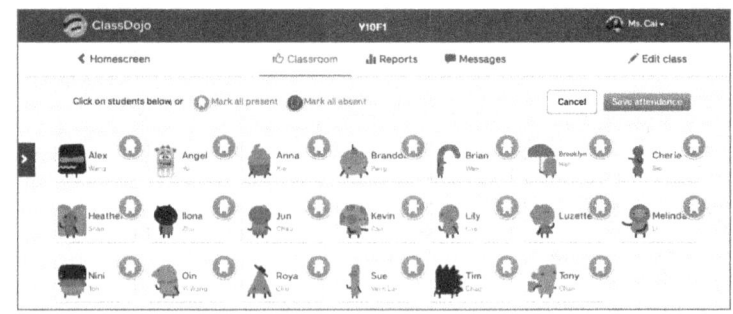

图1 学生考勤记录

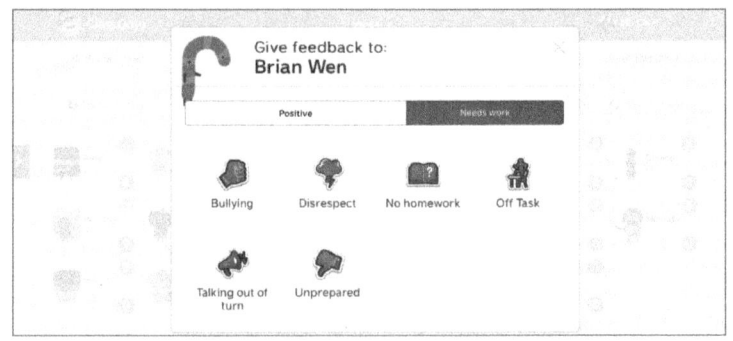

图2 警示消极课堂行为

老师组织教学："今天我们将一起讨论现代中国人的时间观、生活观。请大家把电脑收好，拿出材料，准备上课。"

2. 热身（约5分钟）

老师提问："对于这篇课文的题目'急之国'，谁能用双音节词或成语、俗语对'急'进行扩展？"

学生的回答可能包括"急躁""焦急""十万火急""着急忙慌""火急火燎"等。

老师使用 Dojo Feedback to positive（加分）功能奖励回答正确的同学。（如图3）

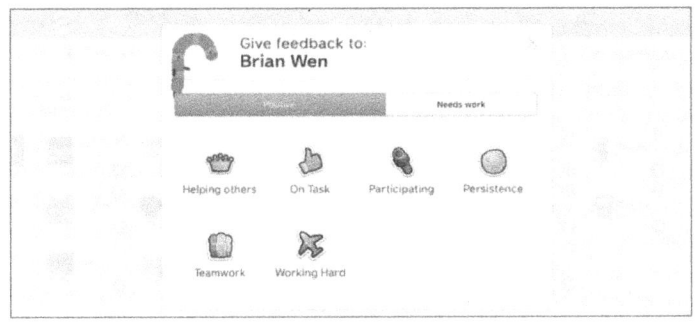

图 3　奖励积极的课堂行为

屏幕展示加分页面，肯定学生的积极反馈，树立榜样。

3. 小组口语活动（约 30 分钟）

（1）引入活动。（约 10 分钟）

老师解读课文："在这篇课文中，作者洋洋洒洒谈到了人们的急躁在各个方面的种种表现，有的具体细微，如排队、行车时的表现；有的广泛宏观，如科技趋势、社会心态。"

老师布置任务："现在请大家分组进行讨论，结合自己的个人经验，罗列生活中反映人们急躁特点的现象。最后以小组为单位进行分享解说。"

活动要求：
1. 讨论时间为 10 分钟；
2. 讨论时学生只需要在小组白板上写出关键词，稍后逐一进行解说；
3. 能总结出最多现象且得到其他组认可的一组获胜，该组每人得一分。

（2）开展活动。（约 10 分钟）

老师利用 Dojo Random（随机分组）功能将全班学生分成 5 组，并使用系统附带的 Timer（倒计时）功能设定 10 分钟的讨论时限（见图 4）。

随机分组使每次活动的小组成员都不同，一来弥补了学生水平的细微差异，二来激发学生思维火花的碰撞，同时也杜绝了个别学生"混水摸鱼"的现象。

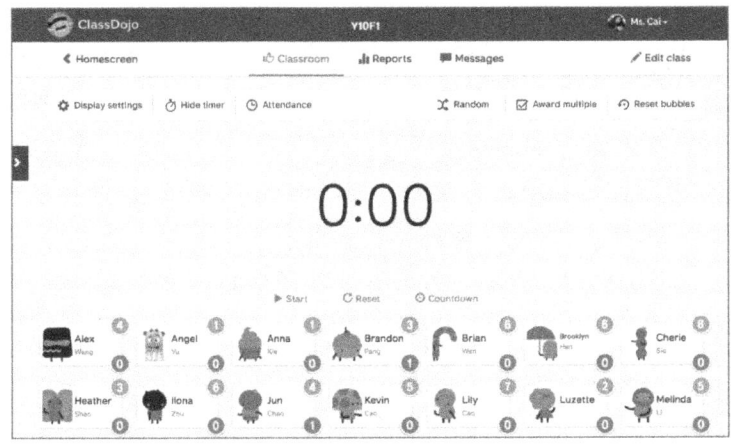

图 4　活动倒计时

将倒计时页面当堂展示，提醒学生高效利用时间。

讨论结束后，每组派一个代表分享该组讨论得出的人们在各个方面的急躁特点：

生活娱乐方面，如：寄信、用餐、乘车、排队、上网……

投资消费方面，如：炒股、信用卡……

科技发明方面，如：复印机、打印机、电话会议……

社会心态方面，如：一步到位、名利双收、嫁入豪门、一夜暴富……

老师点评各组的分享结果，使用 Dojo Award multiple（集体加分）功能给罗列现象最详尽、分享最周全的一组的每个组员加分。

（3）集体讨论。（约 10 分钟）

老师启发学生对急躁的成因展开讨论："我们搜集到了这么多急躁的'证据'，现在请大家结合文中作者的意见，谈谈你觉得是什么原因造成了急躁的现象。"

学生结合课文或自己的经验，各抒己见，谈及的原因有：资源稀缺、分配不均、时代特点、科技演进、急功近利等等。

老师对学生的发言进行总结，结束课堂讨论。

 教学后记

通过 ClassDojo 在本节导入课上的综合使用，学生的注意力最大限度地集中在课堂教学内容上。因回答问题、参与讨论等积极行为得到加分鼓励的学生学习兴趣得到了激发，活动中开小差、随意说话的学生得到扣分提醒，整个讨论环节因此秩序井然又轻松活跃，课堂教学效果良好。

如果有需要，老师可以通过 Dojo Message（邮件）功能就学生在本节课的表现与其本人进行沟通，或者将学生的表现反馈给家长，形成家长和老师双方的良性互动。另外，老师还可以利用 Dojo Report（报告）功能宏观把握学生某个阶段的课堂表现，并为形成性评价提供资料支持。不同于老师对书面作业的笔头批改和学校严谨正式的阶段性成绩报告，Dojo 的反馈伴随着卡通形象以柱状图、饼状图等直观形式呈现于学生面前，学生对自己在课上、课后的表现一目了然。学生还能够结合反馈与同学展开良性竞争，其优势不言而喻。

案例 11

Kahoot 在词语复习环节中的应用

才源源

 案例导入

1. **教学内容**

   复习课文《家务》的词语:

   做饭　吸尘　剪草　洗菜　洗车　洗碗　洗衣服　擦地板　擦窗户　收拾房间

2. **教学背景**

   课　　型：综合课，本案例为词语复习环节

   使用教材：《轻松学中文》(英文版) 第四册，第 5 课《家务》

   （北京语言大学出版社，2007 年）

   教学对象：国际学校八年级非母语班学生，共 12 人。大多数学生用 2～3 年的时间学习了《轻松学中文》前三册内容，能够用中文进行日常会话，针对给定话题进行成段表达，但汉字基础不扎实，读写能力普遍薄弱。本班学生一半是韩国人，读写能力相对较强；另一半学生来自美国、德国、英国等欧美国家，听说主动性强，读写能力偏弱。

   教学时长：30 分钟

3. **多媒体手段**

   Kahoot 在线测验平台

4. **教学目标**

   学生可以辨识本课词语的字形，可以理解词语的意义，能够在句子层面正确运用词语。

教学设计

扫码观看软件使用说明（视频）

除了最基本的选择题形式，Kahoot 还有集体讨论和调查问卷等测验形式。老师可根据测验目标和学生年龄特点等进行选择。

编写题目时，老师可以根据题型及难度设置作答时间，时间一到就不能再作答。

有些测验题目，如"图中人在做什么？"，需要辅以图片或视频。

题目可以设置 2～4 个选项，并选定最少一个正确答案。

题目编写完成后，老师可查看所有题目，并调整题目出现的先后顺序。

（一）课前准备

老师提前在 Kahoot 测验平台上注册账号，结合测验内容编写题目。

1. 选择题型

考虑到学生的中文水平，本次测验题目均为选择题形式，学生只需要从 3～4 个选项中勾选出符合题目描述的一个即可。

2. 编写题目

典型题目包括"他／她在做什么？"和"哪个对／不对？"，旨在测验学生对"家务"主题词语的字形和字义的掌握。

3. 调整题目顺序

题目顺序的安排应该结合学生的认知水平和学习习惯，先易后难，如先三选一后四选一；先直接选择图片中人物所从事的家务活动，后判断给出的描述是否符合图片呈现信息；等等。

4. 完善信息

在正式建立测试题集前，老师先完善题目所用语言、目标年龄层、难度估计等信息，以便将测试题分类归档，方便日后查找或共享。

5. 优化视觉效果

炫目的视觉、听觉效果可以在第一时间吸引学生的注意力，营造"竞赛"的气氛，因此老师可以配上契合家务主题的图片，还可以插入一段视频作为封面。

6. 保存题集

全部设定完成后点击保存，题集正式建立，并出现在老师本人的题库中。

（二）课堂活动（30 分钟）

1. 复习热身（约 15 分钟）

老师简要总结《家务》课中所学的生词，唤起学生的记忆："昨天我们学了与家务有关的词语，有……？"

学生回忆已学词语："做饭、剪草、洗衣服……"

老师宣布将利用 Kahoot 对《家务》中的词语进行测验，并要求学生稍加复习。

2. 正式测验（约 15 分钟）

老师将自己的电脑投影到大屏幕上。进入 Kahoot，打开个人题库，选中题集，点击播放按键，系统会生成测验代码。老师提示学生键入测验代码。

学生将测验代码输入自己的移动终端界面后，大屏幕会显示进入测验界面的人数。待全班学生悉数成功加入测验后，老师开始出示题目。

测验时，学生在自己的设备上阅读题目，在规定时间内选择相应的选项，完成作答。答案一经提交就无法更改。（见图1）

> 学生直接用电脑或手机进入 Kahoot，输入测验代码、自拟名字后即可加入测验，无需注册。

图 1　答题界面

> 答题页面左侧圆圈中的数字是倒计时，右侧是提交答案的人数。

每个测验题结束后，系统会显示正确答案及学生的得分情况统计（见图2），老师可以即时总结。

老师："哪个不对？"

学生："第一个。"

老师："第一个。为什么？"

学生："第四个字错了。"

老师："你可以写吗？"（邀请学生到白板上写出正确汉字，然后对比正误）

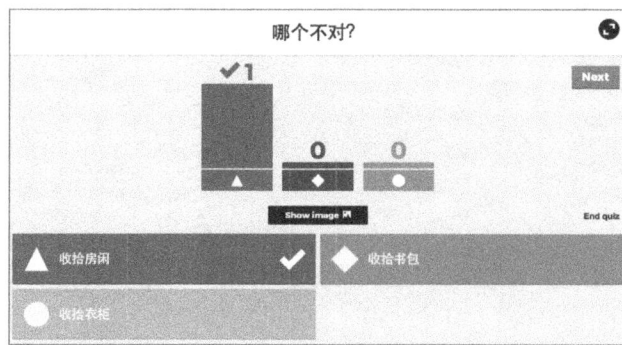

图 2　测验题结果展示

测验全部结束后,老师可以根据系统自动生成的错题率、排名及得分情况进行总结、点评,并对排名靠前的学生进行表扬。

 教学后记

Kahoot作为一款在线测试平台,其优势在于互动性和趣味性。首先,它真正实现了测验中师生双方的全方位互动。以往在PPT等形式的课堂测验中,老师只能随机提问个别学生,对其他学生的掌握情况不得而知。而在Kahoot上,学生在自己的设备上答题,互不干扰,提交答案后由系统判题,老师马上得到反馈、进行讲解并引导学生反思,整个过程在短时间内一气呵成,效率很高。其次,学生之间的互动以比赛形式展开,测验中学生实时答题,随即得到得分排名反馈,相互之间形成良性竞争,极大地激发了学习兴趣。再次,老师可以将自己的测验题通过Kahoot线上平台进行分享,实现了各地教师间的资源共享,可谓一人出题,多人获益。

趣味性方面,Kahoot页面的外观设计和系统自带的游戏音效特别吸引低龄学习者,无论是色彩鲜明的题卡、卡通形式的选项、倒计时不断加速的鼓点,还是回答正确时的欢呼声特效,都极大提升了趣味性,降低了学生对测验的抵触情绪。另外,学生可使用个人电脑、手机、平板电脑等移动终端参与答题,课堂形式灵活多样,迎合了学生的年龄特点和兴趣。

笔者使用Kahoot测验后,学生反馈良好,甚至要求重复练习做过的题目(老师可以通过将题目出现顺序设置为随机来保持测验的新鲜感),默写结果也显示学生的词语记忆效果比以往采用传统复习方式更好。这样的测验形式笔者还曾经应用在母语班古文基础知识、作家作品文学常识的复习环节,效果也非常明显。

不过,Kahoot选择题测验功能更适合复习汉字、词语等基本语言知识。涉及篇章内容(如语段理解)时,Kahoot选择题功能对题目有字数限制,因此无法很好地呈现题目,学生也很难在最大时间限制内读完题目和各个选项。

案例 12

Quizlet Live 在词语复习环节中的应用

才源源

 案例导入

1. **教学内容**

   复习课文《学校》中的词语：

   教室　操场　球场　礼堂　图书馆　实验室　食堂　宿舍　体育馆　游泳池　办公室　校园

2. **教学背景**

   课　　型： 综合课，本案例为词语复习环节

   使用教材：《轻松学中文》（英文版）第四册，第 7 课《学校》

   （北京语言大学出版社，2007 年）

   教学对象： 国际学校八年级中文非母语班学生，共 12 人。大多数学生用 2～3 年的时间学习了《轻松学中文》前三册内容。学生一半来自韩国，读写能力较强，汉字基础扎实，另一半来自美国、德国、英国、墨西哥等国家，读写能力普遍较弱，汉字学习动力不足。平时学习中学生倾向于根据母语背景结组学习。

   教学时长： 30 分钟

3. **多媒体手段**

   Quizlet Live 网站

4. **教学目标**

   学生可以掌握本课词语的读音、意义和用法，并通过复习活动强化团队合作精神。

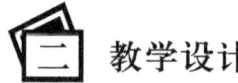# 二 教学设计

（一）课前准备

学生已经学习了《学校》一课的内容，了解了有关学校设施的汉语词语，并且能够用汉语对校园情况以及各设施位置进行简单描述。

老师须提前在 Quizlet 上注册账号。注册后老师可以在 Quizlet Live 界面创建词卡、文件夹、班级，打开自己或他人分享的词卡，点击右上角 Live 按钮组织比赛活动等。

> Quizlet 网站的注册步骤很简单，只需填入用户名、邮箱和密码信息即可。

（二）课堂活动（30 分钟）

1. 回忆热身（约 5 分钟）

老师引导学生回忆学过的《学校》一课的内容，展示校园照片、学校各设施照片，随机抽点学生用汉语对所示内容进行介绍。

老师："上次我们学了《学校》，现在请看我们学校的校园照片，说一说这些照片分别是什么地方。"

学生据图回答，答案包括"宿舍、体育馆、礼堂、教室、操场"等。

2. 介绍活动（约 10 分钟）

（1）网站展示。（约 5 分钟）

老师向学生介绍 Quizlet Live。本班学生使用 Quizlet 巩固新学词语已成为课堂惯例，因此对网页的布局和功能比较熟悉，老师只需略加提点。

> Quizlet Live 与 Quizlet 基本功能差别不大，老师同样可以编辑词卡组，建立文件夹，创建班级，只是前者增加了组织比赛的互动功能。

（2）活动介绍。（约 5 分钟）

老师具体介绍词语复习活动，讲解活动方法，提示注意事项。老师说明复习内容是《学校》一课的已学词语，要求学生准备好电脑，根据稍后投影屏幕上出现的代码参与活动，并严格按照系统分组要求进行结组比赛，比赛过程中要充分发挥合作精神。

老师："一会儿我们用 Quizlet Live 复习《学校》一课的词语，一看大家能不能认识这些词语，二看大家能不能通过小组合作赢得比赛。我们就用 Quizlet Live 的分组，不再改变。组里的每个人都要自己操作答题，但是如果有不会的题，可以互相帮助。

> 为了培养学生之间的合作精神，老师可以明确要求组员间多使用鼓励性语言，避免侮辱性语言，并以加减分数的形式进行强化。比如假使出现一个人选错导致整组在比赛中失利的情况，其他组员不能以语言或其他形式进行抱怨侮辱，否则即使小组最终获胜，也不能得到奖励。

"现在请大家拿出电脑，进入 Quizlet Live，准备开始比赛。"

3. 开展活动（约 15 分钟）

老师进入 Quizlet Live，选择已经建好的《学校》课词卡组，创建 Quizlet Live 比赛。（见图 1）

图 1　创建比赛界面

系统自动生成代码后，老师要求学生在自己的设备上进入活动页面，键入代码，加入比赛。（见图 2）

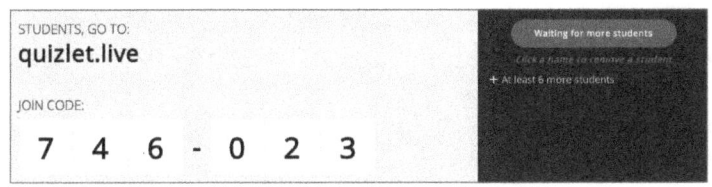

图 2　比赛的代码界面

系统随机将全体学生分成若干组，并配置不同的组名（如"老虎""狮子""斑马"等）。学生的电脑屏幕会显示自己所在小组的信息。（见图 3）老师鼓励学生按小组重新就座，开始比赛。

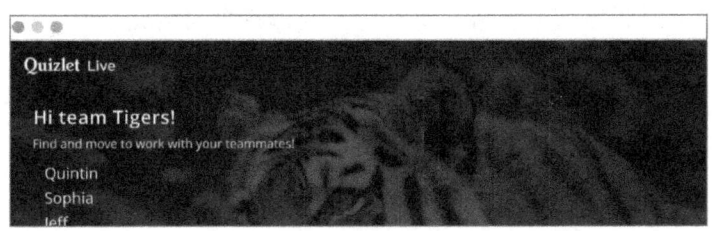

图 3　学生的分组信息

整个比赛过程中，学生电脑屏幕上出现《学校》课的词语，各组每个组员均需对词的形、音、义做出正确判断（选对选项），整个小组才能得分。但凡一名组员选错答案，整个小组的分数就会被清零，须重新开始答题。老师电脑屏幕上则只以进度条的形式显示各组整体答对题目的数量。（如图 4）

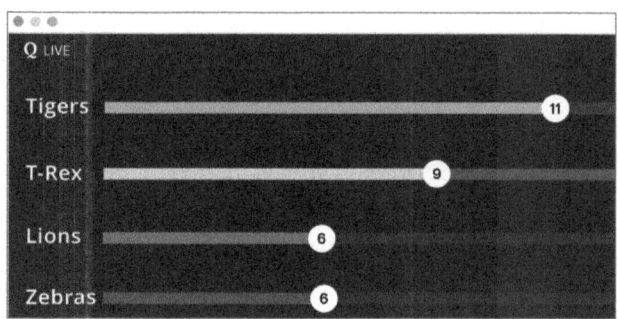

图 4　比赛进度界面

最先答对全部题目的小组进度条满格获胜，比赛结束。老师总结比赛情况，并对获胜组进行奖励。

教学后记

Quizlet Live 作为 Quizlet 推出的又一款免费线上平台，极大地惠及了教学。该平台创建比赛的唯一"门槛"是出于分组考量，比赛参与者不得低于六人，其合作性也因此得以体现。每次比赛时系统都会对参与者进行随机分组，如果有必要，老师还可以对分组结果进行调整，这不仅最大限度地保证了各组成员之间的新鲜感，也促进了组员间的密切配合。

在将 Quizlet Live 引入课堂时，老师需要注意以下方面：一是小组比赛的形式更适合在单元总结时使用，而每课的词语复习仍推荐以 Quizlet 常规的卡片认读、中英对对碰、拼写通关、小测验等形式进行，为学生打好基础；二是比赛过程中老师可以巡视教室，观察学生答题情况，杜绝学生在答题时越俎代庖，替同组其他人选择答案的情况发生。

案例 13

利用 Promethean Board 中的智能教学小工具进行阅读教学

赵英英

 案例导入

1. **教学内容**

   《小蝌蚪找妈妈》绘本阅读。

2. **教学背景**

   课　　型：阅读课

   使用教材：《小蝌蚪找妈妈》，老师上课时根据学生实际中文水平进行了改编。（云南教育出版社，2009 年）

   教学对象：美国某公立小学三年级中文沉浸班学生，年龄 9～10 岁，从幼儿园开始学习中文，有一定的中文口语表达基础。由于日常生活中接触中文的机会较少，学生词汇积累较慢，缺乏迁移运用的能力。在学习新内容的时候，学生面临的最大挑战是识记词汇。

   教学时长：55 分钟

3. **多媒体手段**

   Promethean Board 智能白板及其配套软件 ActivInspire

4. **教学目标**：

   学生能够认读词语：卵、蝌蚪、鱼、乌龟、鸭子、鹅、青蛙。

   学生能够进行基础对话：A："你是我的妈妈吗？"

   　　　　　　　　　　　B："（不）是，我是……"

   学生能够掌握阅读的三种不同方法。

教学设计

中文水平低的学生认识的汉字不多,但是可以通过读图片集中注意力,结合已有知识理解全书的主要内容。

提问的目的是帮助学生回顾已有的知识,进行循环式滚雪球学习。

与母语学生不同,非母语学生需要根据固定的句型来补充内容,以降低表达的难度。

Promethean Board 在电脑中对应的软件叫作ActivInspire。打开软件后,找到"插入"工具栏,插入新的一页,在"更多模板"中可以找到翻翻看游戏模板。游戏时,点击小正方形右上角的小三角,可以翻开正方形,查看下面的内容(图片或文字,由老师设置)。再点一下小三角,则内容重新被覆盖。

1. 第一种阅读方法:看图片(10分钟)

(1)看全书图片。(5分钟)

老师把《小蝌蚪找妈妈》的图片展示在 Promethean Board 上,要求学生仔细看每一页图片,并思考自己看到了什么。

学生举手逐一回答自己看到了什么。老师可以根据学生的回答进一步提问,如:"它在哪里?它是什么颜色的?"

(2)看封面,说说全书的内容。(5分钟)

学生看图书的封面,回答以下问题:

1)这本书的作者是谁?

2)这是不是一本小说?

3)这本书是关于谁/什么的?

2. 第二种阅读方法:看文字(20分钟)

(1)读故事猜词语。(5分钟)

老师重新将书的内容展示在 Promethean Board 上,逐页读每一页的内容,圈出目标词语,然后让学生结合图片猜一猜目标词语的意思。

(2)玩儿游戏,认读词语。(10分钟)

老师借助 Promethean Board 智能教学工具制作"翻翻看,连连看"小游戏,帮助学生识记目标词语:卵、蝌蚪、鱼、乌龟、鸭子、鹅、青蛙。

游戏前,老师先展示所有词卡的内容,并给学生1分钟时间快速记住词卡的位置,然后覆盖所有词卡,请一个学生来玩儿游戏。学生只有翻开两个相同的词卡并用中文说出词卡上的内容,才可以过关。如果不能通关,则机会给另一位同学。(见图1)

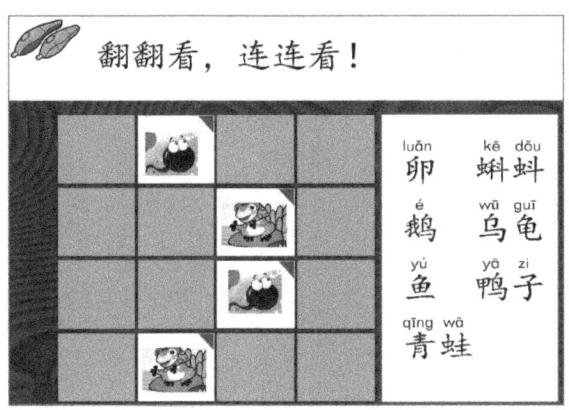

图 1　游戏界面

小学生的注意力容易分散，没有目标的机械记忆会让他们失去学习动力，而小游戏能够调动他们的积极性，让他们专注于词语及卡片。游戏的淘汰制也能让"观众"聚精会神，不想错失每一次机会。连连看的内容可根据课程进度及学生水平调整为汉字、词语等，以达到学习的目标。

根据学生的实际掌握情况，老师可将词卡上的图片换成汉字。（见图 2）

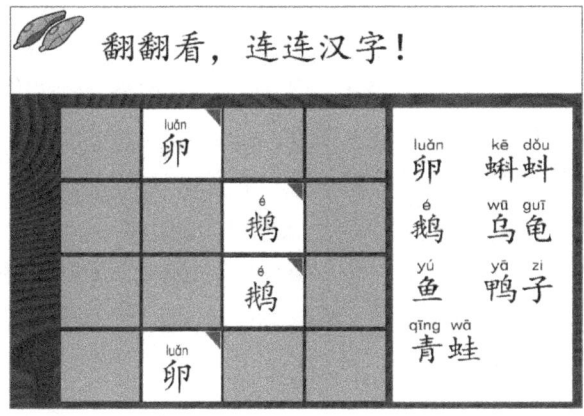

图 2　游戏界面（文字版）

（3）朗读故事。（5 分钟）

老师领读每页的文字，学生跟读，同时回顾所学的词语。

3. 第三种阅读方法：复述故事（20 分钟）

（1）重读故事，列出线索。（5 分钟）

老师带领学生重读故事，列出故事的线索：

小蝌蚪找妈妈→鸭子→鱼→乌龟→鹅→青蛙

（2）对话练习。（10 分钟）

老师带领学生着重练习第一个场景，达到熟能成诵的效果，然后让学生针对其他场景使用同一句型做替换练习。

小蝌蚪看到了_____。

小蝌蚪问："你是我的妈妈吗？"

_____说："我（不）是你的妈妈，你的妈妈有_____。"

> 本案例采用的三种阅读方法是美国阅读教学"精读"（close reading）中的一个重要策略，学生掌握这三种阅读方法后能有效地提高自主阅读的能力。

（3）分角色对话，复述故事。（5分钟）

4. 回顾三种阅读方法（5分钟）

让学生说说本课使用了哪三种阅读方法，以及三种阅读方法所对应完成的任务。

 教学后记

智能白板已经普遍应用于各种教学场合，但是很多人都只将其作为白板或投影仪的替代品而已。这是对智能白板资源的极大浪费。本案例中使用了Promethean Board自带的小工具，简单插入图片就可以制作出有趣的小游戏，辅助中文教学。

语言学习是一个反复操练的过程，让学生有乐趣地识记词语是课堂中很重要的环节。这个环节的难点是如何让学生在"玩儿"的过程中仍能够保证"学"的质量。学生可能太兴奋，只注重玩儿而忘记学；也有可能因为没有轮到自己动手操作而变得无聊、烦躁，失去了学习的兴趣。老师要把握好玩儿的节奏，根据学生的水平设置难度适中的游戏环节，考虑是否需要拼音、使用图片还是汉字等。在游戏开始之前，老师先讲清楚规则，比如学生每翻一张卡一定要说出词语，不然就要被淘汰。当秩序开始混乱的时候，老师暂停游戏并重申规则；当学生因为游戏失败而沮丧的时候，老师应给予正确的引导；当学生说"再来一次"的时候，老师要在"趣味性"和"目标性"之间做出明智选择。老师在课堂游戏中所担任的角色一定要公平公正，这样才能够保证学生在趣味活动中学到知识。

使用生活类软件或网站
辅助汉语教学

案例 14

利用二维码寻宝游戏来复习"职业"类词语

李妙言

 案例导入

1. **教学内容**

   练习询问并回答家庭成员的职业。

2. **教学背景**

   课　　型：综合课，本案例为词语复习环节

   使用教材：《轻松学中文》（英文版）第三册，第 5 课《职业》
   （北京语言大学出版社，2007 年）

   教学对象：美国某公立小学中文沉浸班四、五年级混班的学生，10～11 岁，已学习四五年中文，每天学习两小时左右，同时还用中文学习数学和自然科学。绝大部分学生能用中文进行日常对话，掌握基本汉字的读写，但是学生个体水平差异较大。

   教学时长：40 分钟

3. **多媒体手段**

   二维码

4. **教学目标**

   听说：学生能够和同学互相提问家庭成员的职业并做出回答。

   读写：学生能够读出询问家庭成员职业的句子并写出答案。

二 教学设计

（一）课前准备

1. 准备问题

老师将需要学生回答的所有问题（比如"你的伯伯是工程师吗？"）准备好，然后为每一个问题生成一个对应的二维码（如图1）。

> 问题的具体数量视学生水平和课堂时间而定。

> 可以用草料二维码生成器等网站在线生成二维码。

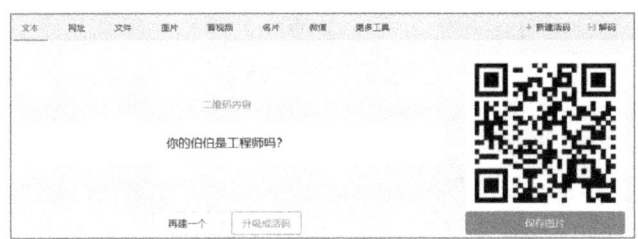

图1 生成二维码

老师将所有二维码打印出来并贴在教室的不同地方。

2. 准备练习纸（见图2）

图2 练习纸

3. 准备电子设备

准备若干个手机、iPad 等能扫描二维码的设备。

（二）课堂活动（40分钟）

1. 复习词语（10分钟）

用图卡或字卡复习已学过的生词（家庭成员、职业名称）。

> 可以用 Quizlet 网站制作字卡。复习生词的时间取决于学生的水平。

2. 讲解找二维码游戏的方法和规则（10分钟）

（1）讲解游戏方法。

学生两人一组，在教室里寻找二维码，然后扫码获取问题。学生A读问题，学生B回答，A把B的答案写下来；然后调换角色，B读问题，A回答，B记录。完成第一个问题之后，两人继续寻找下一个二维码，直到一共完成 6 个问题为止。

（2）说明游戏规则。

1）不能在教室里跑动。

2）不要为了抢扫码而互相推人。

3）音量控制在只有自己和队友可以听到的程度。

4）如果违反规则 iPad 将会被没收。

3. 开展游戏（20 分钟）

（1）将学生两两分组。（2 分钟）

（2）老师给每组学生发一张练习纸和一个 iPad。（3 分钟）

（3）学生分组开始游戏。老师注意学生的答题情况，以便随时为学生提供帮助或解决问题。（15 分钟）

> 学生年龄越小，老师越要提前把可能发生的事情都考虑到，讲清楚规则，才能防患于未然，避免课堂混乱。

三 教学后记

寻宝游戏（scavenger hunt）是美国小孩子很喜欢玩儿的一个游戏，要求参与者在一定范围的环境里找齐所有的东西。这个游戏很适合用于课堂教学，尤其适合帮助学生复习名词。比如老师将水果类玩具藏在教室里，然后请学生把苹果找出来，学生通过游戏可以巩固对词语的识记。随着科技的发展，这种纯粹找东西的游戏可以演变得更加复杂有趣。

本案例是为了提高学生的口语交际能力（互相提问并回答）以及汉字读写能力（认读问题并写下答案）。传统练习对话的方式就是两个人互相提问，时间久了学生会觉得比较无聊。扫描二维码来获取问题并回答，这种形式一来可以增加练习的趣味性（要在教室里找到所有的问题），二来可以提高学生的好奇心（因为不知道扫出来的会是什么问题）和参与积极性，三来可以避免学生因久坐而导致注意力下降（可以在教室里走来走去），提升练习效果。

如果课堂不方便使用电子设备，老师也可以把问题写好直接贴在教室里，但这样趣味性就会降低很多。另外使用二维码还可以增加练习材料的种类：除了文字以外，图片、音频、视频和网址都可以生成二维码。这样除了读问题互相提问以外，这个游戏还可以衍生出多种任务，比如让学生描述图片中的内容，听音频回答问题（判断音频中出现的动物/交通工具等，或听一段对话来回答问题），看视频回答问题，在一个网站上找出有效信息（比如在气象网站上找出某城市的天气），等等。

所有的课堂活动都是为了辅助学生达到课堂目标而设计的，而非觉得好玩儿而玩儿。为了达到学习目标，老师要根据各班具体情况（比如是否有电子设备）来确定课堂活动。多媒体只是辅助，而不是活动的核心。

案例 15

使用极品时刻表学习中国地理及设计旅程

徐江丹

 案例导入

1. **教学内容**

   使用极品时刻表软件学习中国地理,并设计出行旅程。

2. **教学背景**

   课　　型：综合课

   使用教材：《新实用汉语课本》(第二版)第三册,第 31 课

   　　　　　　(北京语言大学出版社,2012 年)

   教学对象：汉语培训班一对一课程的西班牙学生,男性,34 岁,汉语水平为 HSK4 级,具备基本的汉语口语表达能力,比较了解中国地理,对中国人的网络生活很感兴趣。

   教学时长：1.5 小时

3. **多媒体手段**

   百度地图、极品时刻表软件

4. **教学目标**

   通过学习,学生加深对中国地理的直观了解,同时对中国铁路概况、中国网络生活都有新的理解和自己的看法。

二 教学设计

对外汉语教学中的中国文化传播应是多方面多层次的，不仅传播传统文化，也要传播现代文化。中国的高铁建设是文化，中国的网络生活也是一种文化。这些给生活带来了便捷高效，在很多其他国家难得一见。虽然老师在授课过程中没有明确提出"文化"的概念，但学生在学习过程中一定会受到潜移默化的影响。

本课通过软件学习地理名词、讨论旅程设计。学生需要提前学习软件操作过程中可能遇到的生词，以免在实际操作过程中屡屡遇到"拦路虎"。

学习地名是一件非常枯燥的事情，但是如果和实际生活相结合，马上变得不同。学生们大多有旅行或者出差的需求，在交通比较便捷的地方使用高铁的频率特别高。用这种方式学习地名，学生好奇心强，记得快，会主动搜索地图了解当地的相关信息，达到学习的目的。

1. 话题导入（15分钟）

师："中国的陆地国土面积有九百六十多万平方公里，从东到西有五千二百多公里，从南到北有五千五百多公里。中国铁路网络连接着各个城市，对国内的交通起着非常重要的作用。近年来，随着高铁的开通，各城市之间的距离感觉更短了。今天我们学习如何利用各类软件来认识中国城市地名，并为我们的旅行计划设计最合理的路线。

"首先，请先学习一下课程中可能出现的生词。"（PPT展示，见图1）

生词表					
注册	zhùcè	register	稳定	wěndìng	stable
登录	dēnglù	login	重新	chóngxīn	anew, again
用户名	yònghùmíng	username	尝试	chángshì	try
密码	mìmǎ	password	更新	gēngxīn	update
下载	xiàzài	download	新增	xīn zēng	newly added
安装	ānzhuāng	install	加载	jiāzài	continuous loading
离线	líxiàn	offline	预售	yùshòu	presell
查询	cháxún	look up (information)	特价	tèjià	special offer
搜索	sōusuǒ	search	行程	xíngchéng	journey
刷新	shuāxīn	refresh	补票	bǔ piào	buy the ticket on board
列表	lièbiǎo	list	耗时	hào shí	time cost

图1 生词表

2. 课程展示和讨论（45分钟）

（1）老师展示《中国铁路规划图》[1]。（5分钟）

中国目前的高铁网络，最西到乌鲁木齐，最东到珲春，最北到齐齐哈尔，最南到三亚。老师要求学生根据描述在百度地图上找到这三个城市和其所属的省份。

（2）老师简单介绍中国主要的高铁线路和沿线的几个重要中转城市，鼓励学生进一步了解这些城市的风土人情。（10分钟）

（3）以宁波到哈尔滨为例，使用百度地图，讨论并比较"驾车"和"公交（铁路）"两种旅行方式。（10分钟）

---

1 《中国铁路规划图》来自中国高铁网。

宁波到哈尔滨的两种旅行方式对比：

驾车：1天零6小时（30小时），全程约2529.3公里。

公交（铁路）：14小时，中转一次。

（4）老师介绍极品时刻表的用法，指导学生在软件上查询具体车次信息，一起讨论并确定行程安排。（20分钟）

行程安排：

宁波—沈阳北：G1224次高铁（07：34—18：24）

中转候车时间：18：24—19：30（机动安排：吃饭、检票……）

沈阳北—哈尔滨西：G1201次高铁（19：30—21：55）

3. 师生开放讨论（30分钟）

老师和学生自由讨论想去旅游的几个中国城市，学习城市名称，查询具体车次信息和价格，设计一个环游中国计划。

> 在具体的查询过程中遇到的很多问题都值得探讨，比如中国的幅员辽阔（和其他国家进行比较）、交通方式、铁路变迁（绿皮火车和动车、高铁的速度比较）、沿线城市、时间统筹安排、票价统筹安排、中转站安排等等。这些问题适用于一对一课堂，也适用于小组课堂。

 教学后记

本课的教学对象只有一位学生，他热爱旅游，几年间已经走遍中国几个主要旅游城市，对中国的地形、地势都有所了解。这次课程是根据课文内容并结合学生兴趣进行的延伸学习。

老师选择极品时刻表这个软件来辅助授课，一方面是因为这个软件界面简单明了，同时有飞机、火车和客车票务信息，方便使用及进行比较；另一方面该学生从来没有通过网络订过火车票，学会用这个软件后可以方便快捷地在家里上网订购火车票，省去了窗口购票的麻烦，提高了使用汉语的机会和频率，他觉得非常有成就感。

本课学习过程中学生很自然地接触并不断重复各个城市的名字，在设计行程时也讨论了各种问题，比如需要寻找中转站换乘火车，需要考虑各个班次的时间差，等等。学生对相关城市的好奇心自然产生。由于老师对学生的情况比较了解，授课时间也比较充裕，老师借助中国地图还向学生介绍了各地的名胜古迹、特有的动植物、特色小吃。在设置问题时也有一定的导向性，把问题抛给学生，让他通过查找资料进行自主学习，学习效果比一般的死记硬背要好很多。

极品时刻表登录页面的验证方式要求用户根据所给汉字词语选择正确的图片，学生对这种方式很感兴趣，觉得这像是一个游戏一样，很有趣。但如果学生汉字识字量不多，请老师帮助学生完成验证。

案例 16

利用网站点评功能练习评价中餐馆和食物

陆熙雯

 一 案例导入

1. **教学内容**

   指导学生用汉语评价中餐馆和食物。

2. **教学背景**

   课　　型：综合课
   使用教材：自编教材，面向美国大学生，以话题和功能为纲。
   教学对象：美国某大学中文项目学生，已经学习了一年中文（120 课时），达到中级水平，词汇量在 800 个左右。
   教学时长：约 20 分钟

3. **多媒体手段**

   有点评功能的网站

4. **教学目标**

   让学生在真实网络环境中运用与食物、点餐、评价有关的词语。

 二 教学设计

老师可以根据自己使用的课本调整有关生词和句型。同时，老师应该鼓励并帮助学生使用网络工具查询自己想表达却没有学过的词语。	1. 复习已学的与食物、味道、餐馆相关的词语和句型（4 分钟） 点菜　等　色　香　酸　甜　苦　咸　油　素菜　地道 尝　麻　辣　味道　嫩　糖　醋　特色菜　坐满了　等位 买单　贵　便宜　又酸又甜　少放花椒　既有肉菜又有素

菜　还有主食和汤

2. 讲解点评网站的使用方法（5分钟）

老师可以选择自己熟悉的点评网站，最好选择包含有当地中餐馆信息的中文网站。本案例使用了中华美食地图网站。

老师讲解：

（1）打开中华美食地图网站，根据需要选择简体中文或繁体中文版本，然后注册（如果选择提交作业时打印页面，就不需要注册）。

（2）搜索餐馆的名字，并选择要找的餐馆。

（3）点击"我要点评"按钮，然后写下评论。

（4）从"综合""口味""卫生"和"服务"几个方面对这家餐馆评分，并且对这家餐馆及其饭菜进行评价。评价最少要写80个字。在提交前，请确认已经对所有项目进行了评分。最后点击"提交"按钮提交评分。

3. 布置任务（1分钟）

向学生布置任务："进入中华美食地图网站，找到一家喜欢的中餐馆，并在中文页面为这家餐馆及其饭菜写下评论。请在网上发布你的评论，打印页面并将其上传到教学平台。你也可以在这家网站上注册，评论后告诉老师你的用户名，老师会在网络上搜索你的评论。评论最少80字。"

4. 学生完成任务（10分钟）

> 选择中华美食地图网站有两个原因：一是因为这个网站上有美国各州的中餐馆信息，保证学生可以在网上找到自己吃过的餐馆；二是因为这个网站主要内容都是中文的，并且支持简体和繁体两种版本，可以给学生提供真实语言环境。如果在国内教学，老师可以直接把网站换成大众点评网等。
>
> 如果学生是第一次接触中文网页，建议老师给学生做出详细的注册、登录指导，否则学生可能会因为无法正常登录而产生挫败感。
>
> 本任务也可以作为课后练习或作业布置给学生。

　教学后记

学生普遍反映这一练习非常有趣，不但可以帮助他们在实际生活中运用所学语言，还能够帮助他们了解和熟悉中文网页。

学生在浏览网页的时候还能看到其他人的评价，这些评价大多是中国人写的，用词非常地道，可以为学生提供更多的正面反馈。

四 附录：部分学生作业展示[1]

南北风味 52 Beach St Boston, MA 02111
★★★★★　　口味：★★★★☆　卫生：★★★★★　服务：★★★★★　　　　　　2014-10-09 06:35:31

我在南北风味(Gourmet Dumpling House)的体验非常好。这是我最喜欢的中国饭馆儿在波士顿中国城。这家饭馆儿的空间比较小，所以总有很多人等待桌子。南北风味的味道既好吃又便宜。我弟弟喜欢吃肉菜，而我喜欢吃素菜，可是我们都爱吃中国菜。这家饭馆儿是完美的，因为有地道的中国肉和蔬菜，所以我弟弟和我都是幸福的。我特别喜欢订炒西兰花和麻婆豆腐。炒西兰花很新鲜，而麻婆豆腐又麻又辣。这是完美的组合。我弟弟总订购糖醋排骨和猪肉水饺。他说糖醋排骨又酸又甜，而猪肉水饺既美味又多汁。每当我的朋友光临波士顿看我，我总带他们去这家饭馆儿吃饺子，因为南北风味的猪肉水饺非常有名。如果你想尝地道的中国菜，这家饭馆儿是完美的地方。南北风味的服务也很棒。我一定要参观很快。

Asia Wok 573 Main St Waltham, MA 02452
★★★★☆　　口味：★★★☆☆　卫生：★★★★☆　服务：★★★★☆　　　　　　2014-10-09 10:15:55

我觉得这个饭馆比较好。他们的服务很快。点菜以后，我们的饭十分钟就来了。服务员和老板都很友好。饭馆就有一个问题，没有很多位子。Asia Wok 的卫生也不错，因为我们的盘子都很干净。这个饭馆的最好的菜是宫保鸡丁和麻婆豆腐。葱油饼也不错，而他们的美国的中国菜不太好。总体上，我喜欢这个饭馆。

---

[1] 为展示真实学习情况，学生作业未经任何修改。

案例 17

用百度地图复习"问路"

陆熙雯

 案例导入

1. **教学内容**

   用百度地图练习问路、指路及相关词汇。

2. **教学背景**

   课　　型： 综合课

   使用教材：《中文听说读写》（第三版）一年级下册，第 13 课《问路》

   （Cheng & Tsui 出版社，2008 年）

   教学对象： 美国某大学中文项目一年级下学期汉语学习者，学生汉语水平为初级。

   教学时长： 约 25 分钟

3. **多媒体手段**

   百度地图软件

4. **教学目标**

   鼓励学生接触真实语言环境，通过让学生在真实网络环境中完成任务的方式，帮助学生巩固所学知识，提高学习的成就感，克服在真实语境中使用汉语的焦虑感。

 教学设计

1. **复习本课生词和句型（2 分钟）**

   在黑板上列出学生可能需要的词语和句型。

   词语：往左拐　往右拐　东　南　西　北　坐公共汽车

   　　　走路　开车　红绿灯　路口　一直走　到

> 老师可以根据自己使用的课本调整有关生词和句型。同时，老师应该鼓励并帮助学生使用网络工具查询自己想表达却没有学过的词语。

句型：过 N 个红绿灯

在第 N 个路口向（左）拐

A 离 B 很近 / 远

A 在 B 旁边 / 左边 / 里边

2. 简要介绍百度地图及其用法，并确认学生都进入网页（3 分钟）

3. 学生分组完成任务（10 分钟）

学生每 2～3 人分为一组，随机抽取需要完成的任务并限时完成。本课任务包括：

（1）在百度地图上查一查从北京国家图书馆到北京语言大学东门怎么走。

（2）从北京工人体育场到西单开车怎么走？请说出最短路线。

（3）从北京大学东门到中关村购物中心，走路要多长时间？怎么走？你会选择走路还是坐公共汽车？为什么？

4. 报告（10 分钟）

学生站到讲台上，在投影仪投射出的百度地图上展示小组讨论的路线和结果。老师针对学生的报告情况进行总结。

任务数量视班级人数而定，任务内容可以根据学生的背景进行设置。

三 教学后记

一年级的学生在学习了一段时间后非常渴望能够在生活中运用所学语言。本课练习可以极大地增强学生的自信，激发学生学习语言的兴趣。学生在学习汉语的同时需要不断在生活中加以运用和巩固，然而国外匮乏的语言环境让这一要求难以实现。互联网的普及为学生学习语言带来了巨大的方便。但互联网是一个真实的语言环境，上面有很多词和语法学生都不认识，这就需要老师有意识地培养学生探索互联网的勇气和信心，帮助他们克服畏难心理。一旦学生熟悉了中文网络，就可以在网上自主学习，与他人交流，达到事半功倍的效果。

学生在完成了本课任务以后普遍表示很有成就感，对能在真实环境中运用刚刚学到的知识表示很惊喜。教学中可能遇到的一个问题是，有少数学生极度缺乏自信而认为自己不可能完成任务，这样的学生需要在平时得到更多的鼓励。另外，如果学生不小心点了无关链接，可能找不到原来的页面，需要老师帮助。

建议：第一，使用百度地图而不是谷歌地图，因为谷歌地图有英文版；第二，鼓励学生使用在线词典查询不会的生词，不但有助于学生更好地完成任务，而且可以培养学生自主学习的习惯。

 **四 附录**

1. **课程拓展**

（1）公交站牌：找一张公交站牌的照片，让学生在地图上画出这辆公交车的线路并报告。该练习适用于初级学习者。

（2）北京公交及地铁线路图：让学生说出从地点 A 到地点 B 的最短交通路线、最少换乘路线、最便宜路线或最快路线。该练习适用于中级学习者。

2. **部分学生作业**[1]

（1）从北京国家图书馆开始，走到皂君东里站。坐 86 路公共汽车，坐 9 站到北京语言大学站下车。

（2）从北京国家图书馆走到国家图书馆站。在国家图书馆门口。坐 86 路公交车到北京语言大学站下车。

（3）从北京工人体育场开始到工人体育场北路。往左拐到二环路，开到建国门桥往右拐到建国门内大街。经过东长安街和西长安街一直开到西单。

（4）从工人体育馆内开出后进入工人体育场北路。开到二环路左拐。一直往南开到建国门内大街右拐进入建国门内大街。向西开到东长安街。一直往西边开会看到西单。

1　为展示真实学习情况，学生作业未经任何修改。

案例 18

使用携程网学习网上订票

沙 茜

 案例导入

1. **教学内容**

    指导学生使用中文网站订票。

2. **教学背景**

    课　　型：初级汉语综合课，本案例为练习环节

    使用教材：《成功之路·顺利篇》第一册，第10课《坐飞机只比坐火车贵几十块钱》（北京语言大学出版社，2008年）

    教学对象：北京某大学汉语进修生，共12人，分别来自塔吉克斯坦、哈萨克斯坦、印度尼西亚、伊朗、赞比亚、肯尼亚、土耳其等国。学生至少学过4个月汉语，会简单的日常口语对话，有一定的汉字基础。

    教学时长：20分钟

3. **多媒体手段**

    携程网

4. **教学目标**

    学生学会在真实的网络环境中订票。

教学设计

1. 通过提问课文内容，复习与订票相关的词语（3 分钟）

软卧　硬卧　卧铺　票价　预订　高铁　动车
二等座　航班　国际　国内　航空公司　起飞时间
到达时间　打折机票　特价票　经济舱　送票
退票　提前　姓名　护照　地址　联系电话　支付

> 本课内容围绕订票展开，许多生词都会在网络订票中出现。先复习生词，可以加深学生的印象，扫除网络订票时的障碍。

2. 看表格（见图 1），做练习（5 分钟）

航班/车次	出发时间 到达时间	出发站 到达站	耗时	参考票价
MU5197 东方航空	19：15 21：20	首都国际机场 太平国际机场	2小时5分钟	经济舱：¥490
CA1611 中国国航	16：55 19：05	首都国际机场 太平国际机场	2小时10分钟	经济舱：¥791
G381	07：55 14：31	北京南站 哈尔滨西站	6小时36分	二等座：¥541.5，有票 一等座：¥882，无票 特等座：¥1019，余2张
D25	10：28 18：46	北京站 哈尔滨西站	8小时18分	二等座：¥306.5，余1张 一等座：¥490.5，无票
T297	12：23 02：01 +1	北京站 哈尔滨站	13小时38分	硬座：¥156.5，有票 硬卧：¥268.5，有票 软卧：¥422.5，余4张

北京—哈尔滨　出发日期：5月8日

图 1　订票信息

> 网上的订票信息比较繁杂，学生很难找到重要信息，老师可先把网上的信息摘录下来，让学生了解、熟悉。

（1）老师介绍表格的内容。

（2）两个学生一组，分别扮演售票员和要订票的人，练习打电话订票。要求练习以下三种情况：

1）订飞机票，下午有事，只能坐晚上的航班。
2）订火车票，时间不要太长。
3）飞机票或者火车票都可以，要又方便又便宜的。

3. 学习补充生词（见图 2）（3 分钟）

图 2　补充生词

> 这些生词不但在订票网站会遇到，在其他网站也很常用，所以让学生了解这些词很有必要。

4. 老师向学生介绍网上订票的过程（5分钟）

(1) 打开网页并注册账号。

(2) 输入出发地、目的地和出行日期，查询合适的航班或车次。

(3) 填写个人信息，支付购票。

5. 学生自己练习查找信息和"购票"（4分钟）

现在订票的网站非常多，老师可根据实际情况向学生介绍使用率较高的网站，同时告诉学生可以通过扫描二维码等方式下载该网站的手机版软件。

搜索火车票时，特价机票也会同时出现在页面上，老师提醒学生关注并进行比较、选择。

学生进行练习时不用真的买票。除了最后的支付环节，其他步骤都可以练习到。

三 教学后记

现在网上购物成为一种趋势，除了订票，学生还可以在网上买其他东西。老师根据学生的汉语水平给学生介绍中文网站的使用方法，对学生在中国生活很有帮助。当然，对于初级水平的学生来说，很难一下子完全掌握大量的生词。对此，老师要鼓励学生多使用生词，在用的过程中慢慢熟悉、掌握。有的学生到了中级水平还用网站的英文页面订票，不是因为汉语不好，而是习惯了用英文，所以老师还是要鼓励学生在生活中多用汉语，达到学以致用的目的。

此外，学生网购的时候，还会经常遇到各种问题，如看不懂快递人员发的短信，听不懂快递人员在说什么，不知道怎么查物流等。老师可以根据课堂安排，将常见的问题和应对方法作为补充内容介绍给学生。

案例 19

旅游网站在"旅行"主题教学中的应用

才源源

 案例导入

1. **教学内容**

   旅游类主题写作。

2. **教学背景**

   课　　型：写作课

   使用教材：自编教材，文章多来自中国网络、报纸、电视等媒体并参考借用《轻松学中文》第六册（北京语言大学出版社，2009年）相关内容。

   教学对象：国际学校十二年级选修 IB Chinese Language B Standard Level（IB 中文语言 B 标准级别）课程的学生，大多数来自韩国，少数来自马来西亚、新加坡。这些学生在课程开始前大多已经学习了 2～3 年中文。其中韩国学生中文读写能力优于听说，基本能够把握各类应用文章的阅读和写作，但在会话中洋腔洋调现象比较普遍。马来西亚、新加坡学生词汇量有待提高，写作中表达方式比较单一。

   教学时长：55 分钟

3. **多媒体手段**

   途牛网等旅游网站

4. **教学目标**

   （1）学生可以使用中国旅游网站查询信息。

   （2）学生可以掌握广告手册类应用文章的写作特点。

   （3）学生可以根据实际需要设计旅游广告。

二 教学设计

(一) 课前准备

学生已经学习了课文《七天北京旅游套餐》，初步了解了广告手册类文章的写作范式。

(二) 课堂活动（55分钟）

1. 复习热身（15分钟）

老师引导学生回忆课文各部分的小标题，明确广告类文章的范式，如必备项目（城市概览、景点简介、行程日期、酒店、机票、报名方式、注意事项等）、常用词汇表达（"本旅行社、饱览风景名胜、品尝美食、体验风俗习惯、代办护照签证、网络覆盖……"）、语气等。

> 老师要求学生归纳必备项目，列在白板上，并补充必要的词汇表达。

2. 引入旅游网站（15分钟）

（1）网站展示。（5分钟）

老师借助投影仪向学生展示中国人常用的旅游网站，如途牛网等。

（2）功能介绍。（10分钟）

老师逐项解释网站首页菜单中的各项功能，并且以举例形式随时检测学生是否理解。

> 老师可以在课前将相关网站的网址链接发给学生，要求学生提前熟悉网站。

3. 学生练习（15分钟）

老师随机提问学生，要求学生概括网站菜单栏各个栏目的功能，然后抽点学生到讲台前示范查询某类信息的方法。

然后老师安排学生两人结组，学生A随机说一个城市，提出旅行目的（参观自然景观、人文景观、品尝美食等），请学生B查询游记，设计路线；学生B提供往返日期和旅客人数，请学生A查询机票、酒店信息。

学生练习期间，老师巡视，回答学生在网站使用上的疑问。

4. 布置任务（10分钟）

老师出示PPT（见图1、图2），以三类旅行者的身份提出三种个性化的旅行要求，要求学生参考课文并结合网站信息，以旅行社的口吻针对其中一类旅行者的需求设计旅游广告手册。

> 任务的多样性可以满足更多学生的探究学习欲望。

才老师和闺蜜：
我们想去一个温暖的地方旅行，那里最好靠近大海，拍照好看，食物好吃不贵，还有很多购物、娱乐的地方。另外酒店要上网方便。最好是自由行。对了，我们预算有限，不能太贵，因此东南亚国家是首选。

妈妈和将要上小学的儿子：
我想利用儿子上小学前的最后一个假期带他去欧洲好好玩儿一下，因此游乐场是必去的地方。另外，如果能借机了解当地教育资源就更好了。价格不是问题。孩子的爸爸因为工作不能一同前往，所以行程、住宿都要保证安全、省心。

金婚老夫妻：
今年是我们俩结婚第50年，我们打算出国旅行庆祝一下。我们想去一个景色优美、气候宜人的地方。因为我们年事已高，旅行的时间最好不要太长，行程不能太劳累，住宿一定要舒适。另外我们希望能跟团游，省去计划行程的麻烦。

图 1　旅行者的个性化需求

> 源自老师本人旅行需求的真实任务往往更能引起学生的兴趣。

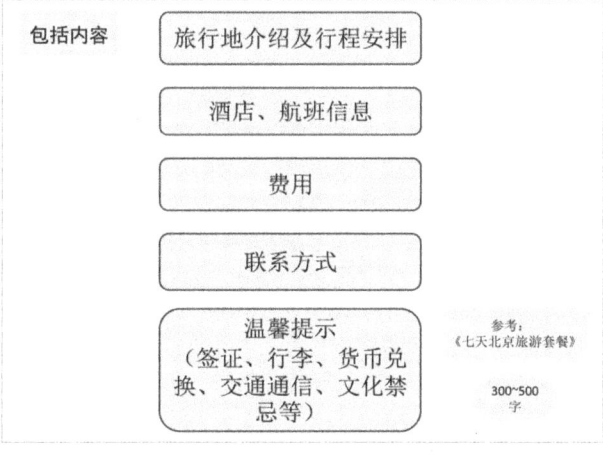

图 2　广告手册写作要求

> 写作要求清晰具体，并给出参考材料。

三　教学后记

　　将中国常用的旅游网站引入"旅行"单元的教学中，从学校的课程安排上来看，首先迎合了 IB 课程的教学目标。IB 课程旨在培养探究型、交流型的多元能力学习者，这就要求语言教学的模式不能只是老师一味灌输，给出单一的答案（单就课文讲解如何写广告手册），而是要培养学生自主学习的能力，引导他们在老师的帮助下自己解决问题，主动探寻各种可能性（根据老师设定的多元旅行要求，结合网站信息，设计有针对性的旅游广告）。课堂不能仅限于师生之间单向的信息传递，而是要培养学生做一个信息的交流媒介，学生与学生之间、学生与整个真实语言环境之间都要进行有效的沟通，这样才能培养出自信愉快的交流型学习者。

其次，从实用的角度出发，选修语言课程的学生也需要具备理解分析不同语体材料，运用目的语准确、流利地表达和回应各种不同思想观点的能力。途牛网等旅游网站是现今中国网民经常使用的线上旅游资源平台，为广大旅游者提供了参团、行程策划、酒店机票预订、签证代办等各种服务，极大地方便了人们的出行。学习使用这些网站能够为学生的实际生活提供便利。同时，网民们在网站上用生动鲜活的语言写成的精彩游记也是学生拓展词汇量、积累语言表达方式的又一途径。

另外，此类旅游网站也适用于相关话题的个人口语活动。比如老师提前布置下口语任务，学生就可以利用课余时间预先搜集旅游地的历史文化、风景名胜、美食特产、风俗禁忌等信息，以提高口语表达的流利度和内容的丰富性。

使用社交媒体平台辅助汉语教学

案例 20

利用荔枝平台辅助课堂生词教学

戴 嫄

 一 案例导入

1. **教学内容**

   初级汉语课的生词教学。

2. **教学背景**

   课　　型：初级汉语综合课

   使用教材：《汉语教程》（修订本）

   （北京语言大学出版社，2006年）

   教学对象：南京某高校MBBS（全英文教学临床医学专业）一年级留学生，共33人，分别来自泰国、印度尼西亚、印度、斯里兰卡、加纳、尼日利亚、毛里求斯等国家。

   教学时长：40分钟

3. **多媒体手段**

   荔枝平台

4. **教学目标**

   通过录制与课堂教学内容相对应的汉语广播节目，丰富综合课的教学内容和形式，增强对学生汉语听说读写能力的训练。

二 教学设计

（一）课前准备

1. 准备环节：老师准备生词例句

老师根据课文内容和学生汉语水平，给每个生词拟出相关例句。（如图1）

```
第22课    我打算请老师教我京剧
1.  叫      老师叫我现在去他的办公室。
2.  让      我的同屋让我帮他带午饭回宿舍。
3.  大家  ……
4.  谈      ……
5.  自己  ……
```

图1 课文生词例句

2. 录制环节：老师录制音频节目

学习新课之前，老师按照课文生词表的顺序，依次朗读课文生词和生词例句并录音，完成一期汉语教学广播节目，将其发布到荔枝的私人播客平台上。（老师提前在荔枝上创建私人播客平台，并要求全班学生订阅）（如图2）

图2 荔枝上的私人播客平台

	3. 交互环节：学生完成作业
老师要求学生在课前完成"听录音、写句子"的作业，训练他们的汉语"听"和"写"的能力，并为课堂学习做好准备。	学生使用手机订阅老师指定的私人播客平台后，可第一时间获取节目的更新信息并下载节目。学生通过收听节目一边预习生词，一边完成作业：跟读生词，并写下所听到的生词例句。
	（二）课堂活动（40分钟）
	1. 检查环节：老师检查作业（5分钟）
课堂上，老师通过检查作业的形式，训练学生汉语"说"和"读"的能力，为下一步的生词学习做好铺垫。	上课后，老师先检查学生是否完成"听录音、写句子"作业。然后就某个生词提问学生，请其说出课前在节目中听到并写下的生词例句，学生回答后，老师在PPT上给出例句答案。最后要求全班学生一起朗读PPT上的生词和例句。
	2. 讲练环节：老师讲解生词（35分钟）
	在学生对课文生词有一个初步的感知后，老师再进入生词讲练环节。

 教学后记

1. 录制说明

（1）老师在录制节目时，应尽量选择安静、密闭的空间，以保证录音质量。

（2）在录音时，为了丰富节目形式，老师可选择加入旋律舒缓的背景音乐，但背景音乐的音量不可过大，否则反而形成一种干扰。

（3）老师应把握好录音的语速和清晰度，其语速应该符合本班大部分学生的语言水平，也可随学生汉语水平的提高进行相应调整。

（4）老师在节目中提供的生词例句，句子长度应适中，不宜过长或过短；例句中切莫出现除本课生词以外的新生词；例句所使用的句型应是学生们已学过的，不要出现学生未学过的句型和语言点；建议多使用与学生生活、学习相关的例句，可根据本班学生情况，在例句中加入学生的姓名；老师提供的例句最好是积极正面的。

2. 教学说明

老师通过荔枝平台录制辅助课堂教学的汉语广播节目，将其与课堂教学相结合，使学生的汉语听说读写能力在不同环节中得到锻炼，如在课前交互环节中可训练学生"听"和"写"的能力，在课堂检查环节中可训练他们"说"和"读"的能力。该教学形式一方面可以帮助学生理解生词和课文；另一方面可以督促学生提前预习课文内容，以保证课堂教学顺利高效地进行。

3. 学生反馈

　　老师在使用汉语广播节目辅助课堂汉语教学后，及时请学生以匿名的方式就广播的语速、背景音乐的设置、作业形式以及收听广播的时间、场所、频率等方面给予反馈，说出自己的真实感受，以便老师进一步提高汉语广播质量。全班学生一致表示认可和喜欢这种新颖的教学模式，希望老师可以一直把这种教学模式保持下去。

案例 21

利用荔枝平台进行课文导入

杨翼瑄

 一 案例导入

1. **教学内容**

   使用荔枝平台中的《十点读书》播客节目进行课文《藤野先生》的导入。

2. **教学背景**

   课　　型：综合课

   使用教材：学校自编教材。本课选用鲁迅（周树人）先生 1926 年所写的《藤野先生》，原文收录于散文集《朝花夕拾》。

   教学对象：北京某国际学校十年级中文母语班学生，共 3 人，年龄为 15 岁左右。学生父母均为华裔，因此学生汉语基础较好，但水平略有差异，有的识字量在 3000 个左右，有的仅认识 1000 个汉字。

   教学时长：45 分钟

3. **多媒体手段**

   荔枝平台

4. **教学目标**

   通过本课学习，学生可以熟悉课文人物，了解时代背景，为学习课文《藤野先生》做好准备。通过收听播客节目，学生很快进入课堂导入环节，更好地调动起学习积极性。

教学设计

（一）课前准备

老师在手机或平板电脑上下载荔枝平台，关注《十点读书》播客节目，搜索到《谨忆周树人君》的音频并将其下载到"本地播放"。

> 《十点读书》是荔枝里的一个读书类的播客节目，其文章多为国内外经典篇目，每周更新一至两篇。

（二）课堂活动

1. 话题讨论：我最喜欢的一位老师（5 分钟）

学生就话题展开自由讨论，老师总结并引出将要收听的内容：一篇老师回忆学生的文章。

2. 收听《谨忆周树人君》音频，并完成听力任务（35 分钟）

（1）老师打开荔枝，找到已下载的《谨忆周树人君》音频并播放。

（2）学生听广播并完成听力练习。

1）第一遍播放后，请学生用五个句子概括所听内容。

2）第二遍播放后，请学生用黑板上所给的关键词（见图1）串联所听内容。

> 老师在备课时可根据本班学生情况设计适合的听力任务。

图 1　关键词展示

3. 布置课后作业（5 分钟）

老师分层布置多媒体作业：

作业1：根据本课所听的内容，上网搜索相关信息，在中国和日本的地图上标注藤野先生和鲁迅先生的人生轨迹。

作业2：通过网络搜索相关的信息，以表格形式展示中日关系发展变化史。

作业3：通过网络搜索相关的信息，以PPT的形式展示鲁迅先生的生平。

> 学生通过收听音频，已经了解了课文中的人物，但对历史背景和鲁迅先生的生平并不了解，这一部分老师可以布置成多媒体作业。

> 老师可根据学生水平分层布置作业，确保每个学生的作业都既有一些难度又和其自身能力相匹配。学生人数多的班级可以小组为单位来完成作业。

教学后记

在国际学校的中文课中,经典篇目的学习既是重点又是难点,因此导入环节尤为重要。本案例借助多媒体手段导入课文,实现了话题导入到课文学习的自然过渡。老师利用多媒体导入课文时应找好切入点,平时也应多积累多媒体素材。

学生们普遍认同这种课文导入形式,在导入环节后学生们主动要求进一步了解课文中的人物和课文内容。

荔枝平台功能众多,笔者在教学中主要用其中的两个功能:一是和学生一起收听与教学相关的节目,收听节目时学生精力集中,很快就能融入其中;二是创建一个学生的专辑,将学生每次读课文的声音录下来并上传到专辑中保存,现在学生们把读课文当成一种乐趣,不但读错率大大降低,而且语气、语调也得到了改善。

案例 22

利用微信聊天群练习打招呼和自我介绍

徐荟尧

 案例导入

1. **教学内容**

   打招呼、自我介绍及介绍朋友。

2. **教学背景**

   课　　型：初级汉语综合课，本案例为操练环节

   使用教材：《新实用汉语课本》第一册

   （北京语言大学出版社，2002年）

   教学对象：匈牙利某中学九年级学生，14～15岁，共3人，已学习了一年汉语兴趣班课程，完成《快乐汉语》第一册的学习。

   教学时长：30分钟

3. **多媒体手段**

   微信

4. **教学目标**

   通过微信完成"打招呼、自我介绍和介绍朋友"的练习，增强对学生汉语听说读写能力的训练。

教学设计

1. 准备环节（10～15分钟）

（1）老师指导学生注册微信，通过"扫一扫"找到同学和老师，并添加好友。

（2）老师建立班级聊天群"九年级中文班"。

2. 操练环节（15～20分钟）

（1）语音操练。

首先由老师做出示范，在微信群发送自我介绍的语音："你们好！我是徐老师。我是中国人。我家在北京。"

然后学生们依次实践。

（2）文字操练。

请学生在微信群中用文字完成"自我介绍"，然后再介绍一名同学。介绍内容可以包括国籍、年龄、爱好等。

老师可以在微信中用文字提出问题，提示学生介绍的内容：

1）你（你的同学）叫什么名字？

2）你（你的同学）是哪国人？

3）你（你的同学）家在哪儿？

4）你（你的同学）今年多大了？

5）你（你的同学）的爱好是什么？

3. 布置课后作业（5分钟）

要求每名学生独立编辑文字信息发送给老师，文字主题为介绍自己和自己最好的朋友。

> 老师一边演示，一边指导学生操作。

> 学生语音操练时，老师需要控制学生的发言顺序和秩序，要求学生们听完前一个学生的语音信息之后再发送新的信息。

> 在学生操练的时候，老师注意引导学生使用更多的已学习过的内容，如提醒在介绍时使用已经学过的"也"。

 教学后记

学生在学习使用微信的过程中表现出了极大的关注度和兴趣，在练习中很主动地尝试用语音和文字发信息聊天。但是在操练环节中，老师一定要控制好课堂秩序。在以后的教学中也可以通过微信进行扩展练习，比如练习用微信请假、祝贺生日、邀请朋友参加聚会等。

附录：学生作品节选

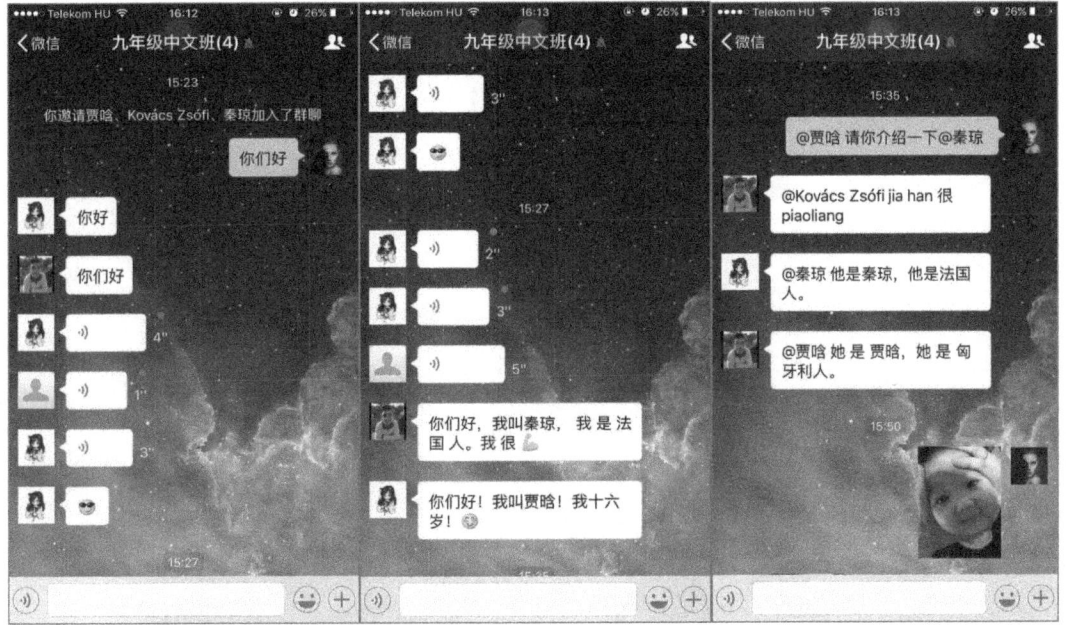

案例 23

利用微信朋友圈学习"租房"话题

郭文静

 案例导入

1. **教学内容**

   学习"租房"话题的相关表达方式。

2. **教学背景**

   课　　型：中级汉语口语课

   教　　材：《发展汉语》(第二版)中级口语(Ⅰ),第9课《租房》
   　　　　　(北京语言大学出版社,2011年)

   教学对象：来自韩国、印度、日本、新西兰、波兰、丹麦、俄罗斯、加拿大等10个国家的大学生,共15人。该班学生基本都已在中国学习了一年中文,达到中级水平,可以用中文做基本生活交流,并讨论一些简单的社会问题。大部分学生已掌握约2000个词语,听说读写水平发展均衡。

   教学时长：90分钟,分为两个课时

3. **多媒体手段**

   微信

4. **教学目标**

   让学生熟悉租房词语,掌握用汉语做小调查并对调查结果进行分析总结的方法,并能在课上进行口头报告。

教学设计

（一）第一课时（45分钟）
1. 导入（10分钟）

请学生分组讨论：

（1）你是住宿舍还是自己在外租房？为什么？

（2）你觉得住宿舍和自己租房各有什么好处和坏处？

（3）说说你的租房经历。

2. 学习租房相关词语（10分钟）

中介　居室　步行　小区　房租

押金　承受　家电　直达　合租

环境　配套设施　物业管理

> 除本课生词外，老师还可补充一些在中国租房常用的词语，如"学区房、押一付三"等。

3. 学习本课课文（20分钟）

（1）分角色朗读课文。

（2）根据课文内容回答问题。

（3）小组合作复述课文。

4. 讨论：如果让你租一套房子，你觉得最重要的因素是什么？

5. 布置任务（5分钟）

（1）请学生根据刚才的讨论，选出八条自己认为最重要的租房时需要考虑的因素，在微信朋友圈进行一个小调查：发布一条朋友圈状态，列出八条因素，并请朋友们在评论区留言，选出他们认为最重要的三个因素，并说出理由。

（2）请学生将自己发的调查及朋友的评论截图，发给老师。

> 选择微信朋友圈，是因为微信在学生中的普及度很高，因此调查的可操作性也较强。

（3）请学生将调查结果进行总结，做PPT，在下次课上报告。

（二）第二课时（45分钟）
1. 学生针对调查结果做报告

以某位学生的报告为例，见图1～3[1]。

---

1 为展示真实学习情况，学生报告未做任何修改。

统计出最重要的因素。

比较在不同地区的人们对于不同因素的关注度。

图 1 调查的问题

序号	因素	选择人数	百分比 (%)
1	交通方便	70	80
2	租金划算	55	63
4	卫生条件好	50	56
8	房东素质高	25	29
5	小区环境安静	22	26
6	采光好	11	12
3	网速快	7	8
7	有空调	7	8

图 2 对调查结果的统计

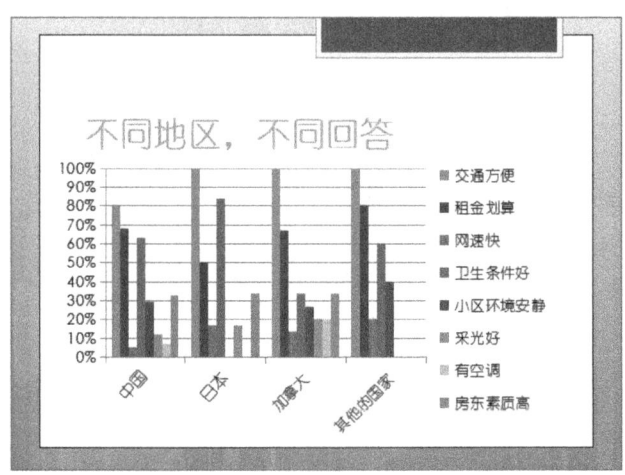

图 3 对调查结果的进一步分析

2. 对学生的口头报告进行讨论和总结

师生讨论得出的结果是：不同国家或地区的人对于租房考虑因素的关注点也不同，这与他们家乡的地理环境、历史背景、文化环境、社会环境以及个人生活习惯有很大关系。

三 教学后记

现如今微信在来华留学生中的普及度相当高，同时微信也是大部分中国人主要的社交工具之一。微信使用方法简单，操作平台（手机、平板电脑等）非常普及，其朋友圈分享文字、图片及好友评论功能非常适合留学生开展调查。比起传统的调查方式，微信朋友圈调查的可操作性更强，耗时更短。由于调查的形式新颖，学生们参与的积极性很高。同时，由于学生的微信好友来自不同国家或地区，其回答与评论五花八门，使学生的口头报告言之有物，内容丰富充实。

全班共 14 人完成本课的调查及口头报告，大家得出的结论有很多共同点，比如交通及安全问题是大部分人都很关注的因素。有的学生还将不同地区的人的回答进行横向比较，得出不同国家地区的人关注点不同的结论，例如：日本人普遍关注卫生间和浴室是否分开，房屋是否有保险，甚至很多人还会考虑房子风水问题等。这些独特的角度让学生不仅学到了关于租房的汉语表达，同时也了解了中国以及其他国家的各种租房文化，丰富了知识，开阔了视野。

案例 24

利用新浪微博辅助新闻课的学习

朱晓花

 一 案例导入

1. **教学内容**

    新闻短讯。

2. **教学背景**

    课　　型：高级口语课

    使用材料：新浪微博的新闻短讯

    教学对象：4位韩国学生，其中3位是大学生，1位是律师。学生汉语水平均达到HSK6级水平，自学能力很强，对政治、经济、文化非常感兴趣。

    教学时长：50分钟

3. **多媒体手段**

    新浪微博

4. **教学目标**

    要求学生在课堂上讲述新闻，以此培养学生的口语叙述能力。同时，学生之间互相提问，增进彼此交流，提高交际能力。

教学设计

1. 导入（2分钟）

老师跟大家打招呼并询问大家这两天做什么了。

2. 播报新闻主题（5分钟）

师：你们上周已经选好新闻了，现在我们将播报新闻主题，从郑先生开始。

生1：机器人行李箱。

生2：二孩政策。

生3：在网上说晚安。

生4：抢兑美元。

3. 播报新闻短讯（40分钟）

（1）播报《机器人行李箱》短讯。（10分钟）

师：好的，现在我们只知道主题，我们很想知道详细内容。郑先生，为什么说是"机器人"行李箱呢？你简单给大家介绍一下。

生1：以色列一家公司发明了一种机器人行李箱。因为他可以自动跟主人走，所以叫它机器人行李箱。

生2：真的吗？行李箱怎么自动跟人走呢？

生1：行李箱上有摄像头，它可以看到主人的位置，通过手机蓝牙连接。行李箱会跟在主人的后面。

生3：太神奇了，现在哪里可以买到？多少钱？

生1：哈哈，现在只知道有这样的发明，其他的还不知道。

师：这则短讯非常有意思，非常好。好的，你们应该也对二孩政策感兴趣。请这位同学介绍一下。

（2）播报《二孩政策》短讯。（10分钟）

生2：中国实施全面二孩政策，百分之八十的中国人想生两个孩子。

生4：这个政策很好，什么时候开始？

生2：2016年1月1日。

师：大家觉得是一个孩子好还是两个孩子好？

生2：我觉得两个孩子更好，一个孩子的话太孤单，对他的性格发展也会有影响。我现在有两个孩子，他们虽然常常吵架，但是在成长过程中可以学会互相照顾，互相理解，有好东西懂得分享，不会那么自私。

新浪微博上有很多新闻短讯，我们可以快速阅读并了解其主要内容。课前老师已布置本课的任务，即请学生们自己选择一篇微博新闻短讯，选好后互相告知主题，避免选择雷同。课上要求学生言简意赅地表达出所选新闻的主要意思，并回答其他人关于新闻内容的提问。

每个人先用关键词概括新闻内容，然后展开话题，大家互相提问，一起讨论。

在讨论环节大家可以问任何问题，老师需进行引导，并记下学生说错的发音和句子，等学生说完再纠正。

师：非常好。我们继续。

（3）播报《在网上说晚安》短讯。（10分钟）

生3：80后夫妻在自己家里每天晚上在网上说晚安。

生4：见面的时候不说话吗？

生3：可能也说，但是说得少。现在很多人都这样，你们平时这样吗？

生2：这就是低头族，我有时候也这样，但是工作的时候不会，偶尔看一下手机。现在能放下手机好好吃饭聊天儿的人也不多，但是我自己能做到。

生4：如果是这样的话，生活除了手机没有别的，这样的生活很危险。我跟朋友吃饭聊天的时候，他们个个都看手机，我觉得太没礼貌了。每次吃饭前还要拍照，为什么要这样呢？你自己的生活好不好自己清楚就行了啊！

师：真不错，这确实是个大问题，说出了很多人的心声。继续。

（4）播报《抢美元》短讯。（10分钟）

生4：前段时间人民币贬值，对很多人有很大的影响，一些人在抢兑美元。

生1：人民币以后也不一定会贬值吧？抢兑美元风险挺大的。

师：没错，文章的观点是什么？

生4：绝大部分家庭没有必要购买美元。

师：好的，大家都有自己的见解，非常好。

4. 老师对大家的播报进行总结。（3分钟）

 三 教学后记

学生自己找新闻并将新闻内容准确表述出来，可以把被动接受转变成主动学习，提高学生的表达能力。每个人的想法都不一样，大家可以通过不同的视角学到知识。学生普遍反映这样学习效率很高，他们更想准确表达自己的观点，让大家能听懂自己说的话。但是有的学生觉得同学说得不对，他更想听正确的内容，更希望听老师讲课。对于这类学生的需求，老师需要根据情况调整一下，在课堂上梳理一些比较重要的观点，适当总结主要内容。

使用影视视频
辅助汉语教学

案例 25

利用热播视频进行"剩女"话题的讨论

许尔茜

 案例导入

1. **教学内容**

   引入"剩女"这一热点话题,对生词进行复现,并引导学生进行成段表达练习。

2. **教学背景**

   课　　型：综合课,本案例为词语复习环节

   使用教材：《汉语与文化读本》

   　　　　　　（香港中文大学出版社,2002年）

   教学对象：美国某大学中文项目华裔中级班一年级下学期学生,共50人。学生经过一年级上学期的中文学习后,认字量达到800个。由于父母双方或一方具有汉语母语背景,与认字能力相比,学生的优势在于具有较强的听说能力。

   教学时长：50分钟

3. **多媒体手段**

   视频、Poll Everywhere 网站

4. **教学目标**

   借助视频直观形象的表现方式激发学生的表达欲望,锻炼学生成段表达的能力。

教学设计

1. 话题导入（7分钟）

师：中国社会最近有一个热门的词，是"剩女"。你们觉得什么是"剩女"？

生："剩"是剩下的意思吗？"剩女"就是剩下的女孩？

师：也就是还没有结婚的女孩。没有结婚的女孩都叫"剩女"吗？

生：年龄比较大的女孩，比如三十岁以上的女孩才叫"剩女"，对不对？

师：对！"剩女"其实是一个带有偏见的贬义词，我们不应该只以是否结婚来评价一个人。但今天我们只讨论这个现象。大家觉得哪些地方的"剩女"比较多？

生：中国的大城市吧。比如北京、上海，还有什么地方？

师：北京、上海、广州，我们又叫它们"北上广"，这是中国最有名的三个大城市。为什么大城市里的"剩女"比较多？

生：因为大城市的女孩工作压力很大，没有时间谈恋爱吗？老师，您以前说过中国现在男多女少，为什么还会有"剩女"的现象呢？

师：很好的问题，大家一起来想一想。

2. 观看视频（3分钟）

师：现在请大家看《她最后去了相亲角》[1]这个视频，看完以后说一说你看到了什么。

3. 发表观点（10分钟）

师：请大家拿出手机或者电脑，写一写你刚才看到了什么，或者看过视频以后想到了什么，然后将你写的内容发送到下面的网站（见图1）。

引导学生根据已知语素猜测词义。

老师介绍"北上广"概念并启发学生思考"北上广"的"剩女"较多的原因。

教师在处理视频的时候，可根据教学重点选择视频的播放片段及时长。例如在本课中，视频前2分30秒内容即可满足教学要求。要坚持"精简"原则，提高课堂效率。

借助匿名投票网站，让学生输入看到的信息或者自己的想法，练习从听力到写作的语言理解和输出能力。

---
1 日本 SK-Ⅱ 公司 2016 年公布的广告短片。

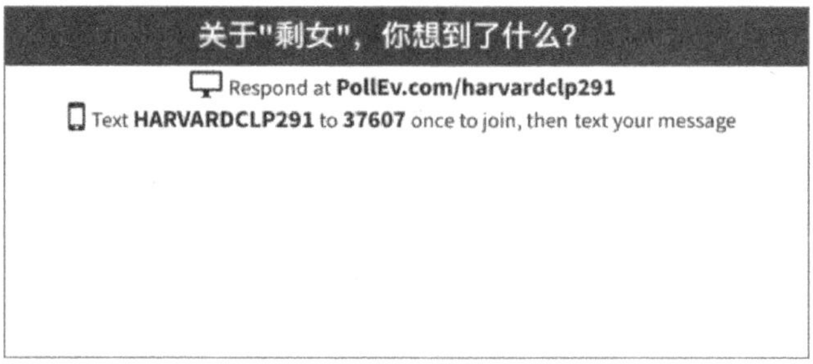

图 1　在 Poll Everywhere 上发表观点

师：请看你们写的句子（见图 2），选一句话读一读。

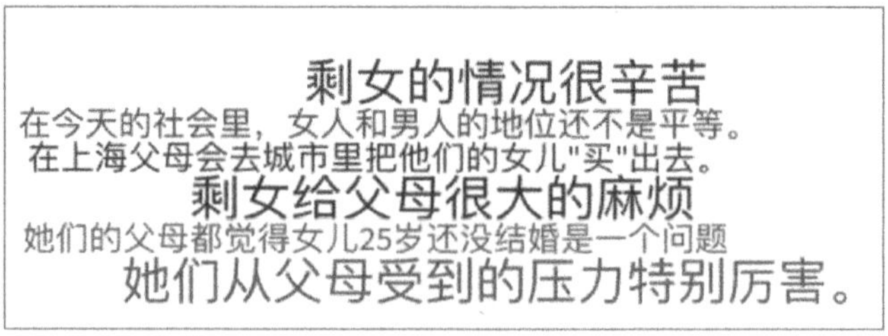

图 2　学生发表的观点

生："在今天的社会里，女人和男人的地位还不是平等"。

师：这句话有什么问题？怎么改？

生：应该改成"在今天的社会里，女人和男人的地位还不平等"。

师：说得很好！因为"平等"是个形容词，前面不用加"是"。

4. 深入讨论（30 分钟）

（1）话题一：为什么"剩女"的压力很大？（词语辨析："强迫"与"被迫"）

师：在中国，为什么"剩女"的压力很大？请用"强迫"这个词说一说。

生：她们的父母强迫她们结婚。

师：这句话用"被迫"怎么说？

生："剩女"们被迫结婚。

师：请注意"强迫"与"被迫"的不同。小时候，父母强迫你做过什么？还有什么事情是你被迫做的？什么事情你不想做，但是会强迫自己做？

（2）话题二：人们对"剩女"有什么误解？（词语辨析："误解"与"理解"，"傲慢"与"怠慢"）

师：你们认为人们对"剩女"有什么误解？

由于 Poll Everywhere 网站不显示发送者的姓名，学生可以尽情表达自己的看法。即使句子出现错误需要修改，学生也不会感觉尴尬。

利用三个大话题进行词语辨析，在具体语境中让学生体会几组词语微妙的不同。

生：人们觉得"剩女"很傲慢，要求太高。

师：一个傲慢的人，他可能会怎么对待他的朋友？（老师提示学生用"怠慢"）

生：他可能会怠慢他的朋友。比方说朋友约他出来，他常常说自己没有时间。

师：是的。人们对"剩女"有很多误解，但是这个视频告诉我们，应该理解她们。她们的父母理解她们吗？

（3）话题三：你会给这些"剩女"什么建议？（词语辨析："建议"与"推荐"，"而且"与"而"）

师：你会给这些"剩女"什么建议？

生：我的推荐是她们应该多出去交朋友。

师：这个句子的意思很好，但是这里只能用"建议"，不能用"推荐"。因为"推荐"是动词，"建议"可以是名词。你会推荐她们去哪儿交朋友？

生：她们可以去体育馆、图书馆，而且也可以去人民广场的相亲角。但是实际上，"剩女"们不常常出去，而是天天待在家里。

 三 教学后记

对于中级汉语水平的华裔学生来说，生词复习至关重要。经过两周的新课学习后，老师通常需要在考试前引导学生对生词进行复习和总结。为了加强生词复习课的生动性和实用性，我们引入了"剩女"这一热点话题进行讨论。学生对"剩女"这一概念虽然陌生，但是已学过"剩"和"女"，可以利用猜词法进行联想与猜测。老师在介绍中国社会热门话题的同时，与学生展开讨论，实现复习课的教学目标。

在使用视频进行汉语教学时，老师应注意对视频素材的选取，尽量选择话题性强、能够激发学生讨论欲望的话题，并引导学生对这一话题进行深入讨论；切忌堆砌过多花哨的材料但给学生开口的机会却很少，甚至视频大量占用了宝贵的课堂时间。笔者的原则是一节课视频播放的时间尽量不超过五分钟，以两三分钟为佳。老师要在观看视频前的话题导入环节及观看视频后的深入讨论环节上多下功夫，在学生讨论时注意激发他们的审辩式思维（critical thinking），并且尽可能地引导他们使用新学的生词、语法点，从而取得更好的教学效果。

案例 26

利用广告引导学生讨论中国家庭观念

赵 洁

 一 案例导入

1. **教学内容**

   讨论中国的家庭观念,并复习学过的词语、句型:
   孝敬　团聚　牵挂　营造　S 为 VP 尽一份力　S 沉浸在 adj 的气氛中
   S 富有想象力/创意/……特色/……气息　S 把 A 和 B 结合起来/在一起

2. **教学背景**

   课　　型：高级汉语综合课,本案例为复习讨论环节
   使用教材：自编教材《言文行远》,面向大学四年级学生,内容涉及教育、传统文化保护、家庭关系等社会热点问题以及应用文写作等多个方面。
   教学对象：美国某大学中文项目四年级学生,每班人数大约 8～15 人。四年级的学生已具备讨论抽象问题的能力,所学的内容大部分是非常正式的表达方式,少数是比较地道的口语词,如"刀子嘴豆腐心""回头客"等等。
   教学时长：50 分钟

3. **多媒体手段**

   视频、图片

4. **教学目标**

   通过观看广告,学生进一步了解家庭在中国文化中的重要性,并通过对比中国和其他国家的广告之间的差异,特别是其中所传递的社会观念的差异,对广告中所蕴含的社会、文化观念发表自己的看法。

   在学生描述广告内容、表达自己的看法时,老师引导学生使用学过的词语、句型,达到复习的目的。

教学设计

1. **话题导入**[1]（3分钟）

老师询问学生喜欢什么样的广告，然后向学生展示一些国家的百事可乐的平面广告图片。

师：在你的国家，百事可乐的广告有什么特点？用什么来吸引消费者？

生：百事可乐公司常常请很多明星来做广告，向消费者传递快乐、充满活力的理念。

> 老师可提前找一些其他国家的百事可乐的平面广告图或广告语，引导学生简单讨论，达到引入话题的目的。

2. **话题讨论**（25分钟）

师：大家看一下中国的百事可乐广告（"把乐带回家2014"海报），你们觉得它传递了什么理念？

生1：我觉得也会传递快乐的理念。

生2：可能会比较重视家庭，因为广告语是"把乐带回家"，意思可能是百事可乐会给家庭带去欢乐。

> 老师设计小问题，引导学生理解广告的内容，并思考广告设计背后所反映的文化理念。

师：请大家看一下下面这个视频广告[2]。这个广告是如何体现"把爱带回家"这个主题的？

生1：在视频的第一部分，一个人把百事可乐换成了醋，和朋友开玩笑，这让气氛非常轻松、欢乐。

师："让气氛非常轻松、欢乐"，更漂亮的说法可以是"营造……"？

所有学生：营造出轻松、欢乐的气氛。

> 老师播放视频广告后，展示PPT，PPT上显示学生学过的生词、语法点，以便学生在回答问题时参考使用。

师：非常好！第二部分是怎么体现主题的？

生2：第二部分表现的是春节的时候全家聚在一起，一家人比赛包饺子，沉浸在欢乐的气氛中。

> 老师引导学生使用学过的生词"营造"。

师："沉浸在欢乐的气氛中"，这个句子很好！"全家聚在一起"换一个词怎么说？

生2：团聚。

师：没错。整个句子可以改为"第二部分表现的是……"？

生2：第二部分表现的是春节的时候全家团聚。

师：更好的说法是"表现的是春节的时候全家团聚的场景"。关于这个广告大家还有什么看法？

> 学生主动使用学过的句式"沉浸在adj的气氛中"，老师给予表扬，并提醒其他同学注意。同时，老师引导学生使用更正式的词"团聚"，并帮助学生准确地表达自己的意思。

---

1 为展示真实学习情况，本案例学生发言未做任何修改。
2 百事可乐公司2015年发布的广告短片《把乐带回家2015》。本课选用的是短片1分20秒—1分56秒，2分23秒—4分32秒这两个片段。

生3：在春节这样的节日，百事公司为贫困家庭的母亲准备了很多过年用的东西，还有保暖的，嗯……

师：保暖用品。"过年用的东西"也可以说"过年用品"。

生3：百事公司为贫困家庭的母亲准备了很多过年用品、保暖用品，给他们带去欢乐。这说明这个公司也牵挂着很多家庭。 〔学生主动使用学过的生词"牵挂"。〕

师：这个广告上还有一句话，"家不以远近，乐无为大小"，你们怎么理解这句话？

生1：我觉得它的意思是，生活中很小的事情也会带来快乐，不管家有多远，人们都应该回家。

生2：我觉得这里的"家"，不只是个人的小家庭，也包括社会这个大家庭。因为在视频的最后一部分，百事公司给贫困家庭送去很多礼物。

师：你们觉得广告最后部分对百事公司进行慈善活动的宣传是否有利于产品的销售？

生1：我觉得不一定有利于销售，只是号召大家关心弱势群体。

生2：但是这也反映出百事公司在为帮助弱势群体尽一份力，这也会给消费者留下一种印象：百事公司有社会责任感。这可能有助于产品销售。 〔学生主动使用学过的句式"为VP尽一份力"。〕

3. 延伸讨论（20分钟）

师：下面我们再看一个苹果公司的视频广告[1]，请大家用我们学过的生词、句型概括一下这个广告的内容，并说一说自己的感受。

生1：这个广告讲了一个故事，孙女用苹果的产品重新录了奶奶年轻时唱的歌，这也和中国传统的孝敬老人的观念有关。

师："录"更正式一点可以说"录制"。

生2：我觉得奶奶和孙女代表了传统与现代，它所传递的理念是苹果可以将传统与现代很好地结合在一起。 〔学生主动使用学过的句型"把A和B结合在一起"。〕

生3：这个广告里面的音乐、环境都很有中国味道。

师："很有中国味道"，换一个我们学过的句式，怎么说？

所有学生：富有中国味道。 〔老师帮助学生复习学过的句式"S富有N"。〕

师：我们可以说"富有什么"？（PPT提示）

生：富有……特色/气息，富有想象力，富有创意。

---

[1] 苹果公司2015年推出的广告短片《老唱片》。

师：所以我们可以说这个广告……

生：这个广告富有中国特色。

师：在你们看来，这段广告与苹果公司一贯的广告风格是否一致？

生1：苹果公司大部分的广告都是比较现代、抽象的，这个广告是一个具体的故事，而且富有中国特色，我觉得比较容易被中国消费者接受。

生2：而且，这样的广告也表明苹果产品的消费群体不仅限于年轻人，中年人、老年人都可以从苹果产品中获得快乐。

生3：很多人觉得使用数码产品会让家人间的关系疏远，大家只盯着自己的手机、电脑。但是苹果的广告也传递了这样一个理念：苹果产品可以使家人的关系更加亲密。

4. 总结（2分钟）

老师询问学生观看广告后的感受，并引导学生简单对比中外广告的异同。

三 教学后记

家庭观念比较抽象，复习时如果只是重复"中国人的家庭观念与你的国家的有什么区别？"这样的问题，学生难免会感觉枯燥。本案例选择将广告作为讨论对象，一方面活跃课堂气氛，另一方面让学生在广告中感受中国的家庭观念。在这样的情况下，学生自然地将这段广告和课上所学的家庭观念、亲情联系起来，并使用了课上所学的生词、语法点，充分达到了复习的目的。

现代广告在宣传产品的同时，也传递着某些价值观念，而这些价值观念往往能在课堂上引起学生的讨论甚至是争论，达到练习的效果。比如，曾经在网络上引起诸多争议的婚恋网站百合网的视频广告[1]、珠宝品牌I Do的视频广告[2]，也让学生们在课堂上忍不住要表达自己的看法。

在选择广告时，不一定局限于中文的广告。有时英文或其他语言的广告，因为其文化背景与学生相近，学生反而更容易理解，更有表达的欲望。我曾经给学生播放过一个德国超市的视频广告[3]，在广告中父亲为了让孩子们回家过圣诞节而欺骗他们自己去世了，要练习的语言点是"不得已""情有可原""忙于""出乎意料""谈何容易"，学生们看过广告后争着用所学的知识表达自己的看法，还有学生为老人出主意，认为还有更好的办法可用，课堂教学效果很好。

---

[1]《因为爱不等待》。

[2]《她牺牲了自己的梦想，来成就你的梦想》。

[3] 德国EDEKA超市的视频广告《回家》。

案例 27

利用真人求职节目进行高级商务汉语"内容教学"

刘 刚

  案例导入

1. **教学内容**

    以"工作在中国"为中心议题的高级商务汉语。

2. **教学背景**

    课　　型：高级商务汉语课

    使用教材：《卓越汉语·公司实战篇》

    （外语教学与研究出版社，2010年）

    教学对象：美国某大学有两年以上汉语学习经验的学生，20人。其中9人为华裔学生，7人为其他亚裔，4人为非亚裔。汉语中级水平学生12人，高级水平学生8人。

    教学时长：整个教学单元被分成4个教学环节，每个教学环节40～60分钟不等，共200分钟左右（具体时间分配见教学设计）。

3. **多媒体手段**

    真人求职节目视频[1]、图片

4. **教学目标**

    本单元以"内容教学法"为指导，注重语言训练和内容教学并重。语言教学目标是让学生熟悉并使用中国公司里常用的商务称谓和用语；内容教学目标是让学生思考、讨论在中国公司工作时可能遇到的问题，并初步进行中美商务文化比较。

---

[1] 天津卫视《非你莫属》节目20130430期（北京语言大学留学生专场）58分32秒—76分26秒片段。

 **教学设计**

（一）教学环节1：视频教学与讨论——外国人在中国求职
（第一节课，70分钟）

1. 观看视频并初步讨论（20分钟）

学生观看完整视频，记录下重要的或其感兴趣的部分，然后根据观看笔记，在老师引导下进行初步讨论。老师注意帮助不同中文水平的学生理解视频内容。

2. 深入讨论（40分钟）

老师将视频分成若干个2～3分钟的片段，每段播完之后，询问学生更细节和更具启发性的问题，引导学生对视频中的中国职场文化进行思考和讨论。

3. 跨文化比较（10分钟）

老师选择视频中具有争议性的片段，鼓励学生进行跨文化比较、讨论甚至辩论。

> 此类职场招聘节目可让学生初步了解中国当代社会求职及招聘现状，其真人秀的形式更能激发学生的学习兴趣，而且节目中富含与求职相关的商务词语，可供学生现学现用。本案例所选视频的求职者是混血儿，其国际身份背景和特殊的成长经历更能引发学生共鸣。

（二）教学环节2：课外商务写作与课堂活动——简历写作和招聘

1. 课外作业：制作求职简历（时间不等）

要求学生根据视频和课堂讨论，在第一节课结束后为节目中的求职嘉宾设计一份求职简历，以此来再次检测学生对视频内容的理解程度，并初步训练学生运用中文进行商务文件（简历）写作的能力。

2. 课堂活动："Boss团招聘"（第二节课，50分钟）

（1）老师收集学生设计的简历初稿，不做任何修改，直接打印出来，平铺在桌子上。

（2）学生分成3组，分别扮演不同公司的老板，从桌上的简历中选出其认为比较好的3份，向全班报告这样选择的原因。（10分钟）

（3）学生将身份转换为中国公司老板，每组从其刚刚选出的三份简历中再选出一份最好的简历，向全班报告这样选择的原因。（5分钟）

（4）在上述活动的基础上，进行模拟面试活动。（35分钟，详细步骤请见附录）

（5）活动结束后，学生根据老师及同学的评语，在课后对简历初稿进行修改。

> 不对简历初稿进行修改是要尽可能模拟现实求职的情况：简历一旦被递交就已是定稿，其中各种错误都会被招聘者看到。
> 让学生扮演公司老板挑选简历，可以促使其以招聘者的视角对自己的作品进行再审视。要求学生将身份转换成中国公司老板，可以鼓励其对自己此前的选择进行跨文化比较和分析，促使其思考不同商务文化中求职招聘的异同之处。

（三）教学环节3+4：课文教学与角色扮演活动："初到中国公司"（共80分钟）

1. 角色扮演活动一（第三节课，40分钟）

延续上节课的求职剧情，假设求职者已在中国公司找到工作，现在刚到公司就职。

（1）老师出示PPT，帮助学生熟悉课文所讲到的中、美公司里的商务称谓和文化。（10分钟）

（2）选出学生扮演求职者，其他学生扮演公司老板、部门主管、同事、下属、客户等角色。

（3）老师给出不同场景的图片，如与公司前台初次见面、跟人力资源经理见面、跟部门经理见面等等，让学生进行角色扮演活动。（20分钟）

（4）活动后，老师带领学生就每个场景中的特定商务用语和文化进行讨论。（10分钟）

2. 角色扮演活动二（第四节课，40分钟）

老师提供三个商务交际难题：1）你的下属很懒，2）你的老板很讨厌，3）你的同事在背后说你坏话。

学生分为3组，每组选择一个交际难题，由一个学生扮演求职者，其他学生分饰其他角色。每组为自己的交际难题设计两个短剧，分别模拟中、美商务环境中对同一难题的不同处理方式。（30分钟）

表演完毕后，老师带领学生进行讨论。（10分钟）

> 教学环节3的重点是让学生通过角色扮演活动熟悉本课课文中所讲到的中国商务交流中常用的商务称谓、词语及表达方式。内容教学的重点是要学生初步了解在不同商务场景中所需注意的商务礼节和文化。

> 教学环节4是为了培养学生应对更复杂的商务交际难题的能力，并训练其进行跨文化商务比较的能力。

三 教学后记

老师设计高级商务汉语课时，最大的挑战就是如何寻找语言和内容的契合点，争取让任何语言训练都包含着对内容的传授，任何对内容的讨论也都能让学生的语言知识和技能得到提高；与此同时，还要采取各种方式，保证课程的趣味性、时效性和实用性。

本次教学单元设计以"内容教学法"为指导，采用了趣味性和时效性较强的真人求职节目视频，在视频的选择上刻意突出了中西文化的不同。在实际教学中，通过课堂讨论、活动和课外任务，时刻培养学生的跨文化思考能力及其运用所学语言文化知识进行交际的能力。多媒体教学和课堂讨论相结合，可以让学生从多层面、多渠道去理解所学的商务语言和内容。以简历设计为主的课后任务教学，可以帮助学生内化课堂上所学的内容，并培养学生运用中文进行简单商务写作的能力。角色扮演活动可以局部模拟现实商务活动中的各种情况，培养学生综合运用语言知识进行有效商务交际的能力。在期末课程评价中，

94% 的学生认为这种以"内容教学法"为中心、融合多媒体教学等多种教学模式的课程设计在语言训练和内容传授上都非常有效,同时也充分展示了商务课题的时效性、现实感和实用性。

 **四 附录**

教学环节 2 中模拟面试活动的建议教学步骤:

1. 准备阶段(5 分钟)

(1)被选中的最佳简历的设计者扮演求职者:准备一分钟自我介绍,同时准备回答老板的问题。

(2)其他同学扮演公司老板:为自己的公司起一个名字,设想一下公司的性质、要问求职者的问题以及可以给求职者的工作和薪水。

2. 自我介绍(5 分钟)

(1)求职者进行一分钟自我介绍。

(2)老板们听完介绍后,有 30 秒时间考虑是否离开。选择离开的老板需要解释离开的原因。

3. 老板提问(10 分钟)

(1)留下的老板们先介绍自己的公司,然后向求职者提问。求职者回答提问。

(2)提问环节后,老板们有 30 秒时间考虑是否离开。选择离开的老板需要解释离开的原因。

4. 讨论工作和薪水(10 分钟)

(1)上一轮留下的老板为求职者提供一个工作。

(2)求职者有 30 秒时间考虑,然后选择感兴趣的两个公司。

(3)被选中的公司老板把给求职者的薪水写在一张纸上。

5. 最终决定(5 分钟)

求职者看到薪水后,有 30 秒时间考虑选择去哪个公司,并解释这样选择的原因。

6. 失败离开(备用,如果所有老板在步骤 3 "老板提问"环节后选择离开,则进行本步骤)

(1)老板们解释没有选择求职者的原因。

(2)求职者谈一下失败的感受。

案例 28

利用影视视频讨论"相亲"话题

沙 茜

 案例导入

1. **教学内容**

   讨论"相亲"话题。

2. **教学背景**

   课　　型：中级汉语综合课

   使用教材：《成功之路·提高篇》第二册

   　　　　　　（北京语言大学出版社，2008 年）

   教学对象：北京某大学汉语进修生，分别来自日本、泰国、印度尼西亚、吉尔吉斯斯坦、俄罗斯、西班牙、刚果、伊朗、朝鲜、德国等国，共 14 人。学生学过 1～2 年汉语，通过 HSK4 级或 5 级。大多数学生书面表达能力较好，但口语表达能力仍有待提高。

   教学时长：50 分钟

3. **多媒体手段**

   视频

4. **教学目标**

   通过多媒体手段让学生了解相亲的情况，激发学生的表达热情，让学生都参与到课堂讨论中来，从而锻炼口语表达能力。

二 教学设计

1. 复习课文中的重要词语（5分钟）

　　单身　趋势　长相　学历　话题

　　气氛　上得厅堂，下得厨房　赞美

　　名花有主　愁眉苦脸　有戏

　　小气　坚决　娶媳妇儿　打光棍儿

　　名牌　恨不得　婚礼　素质

　　替……着想　介绍人　答复　早日

本案例是在学习完第13课后进行的。

　　复习生词的目的是让学生可以更好地理解接下来要看的视频，并在讨论过程中更多地使用刚学过的生词。

2. 看视频一[1]，回答问题（15分钟）

　　请学生看视频，然后回答以下问题：

　　（1）男1号是做什么的？你觉得他有什么问题？

　　（2）猜猜男2号是做什么的？

　　（3）男3号适合当什么？

　　（4）分别简要介绍一下来相亲的这三个男人。（关键词：工作狂、土豪、家居男）

视频一难度稍大，根据学生水平至少要看两遍。第二遍学生边看老师边讲解。

　　虽然视频内容有点儿夸张，但也反映了一些现实问题，同时可以引起学生讨论交流的兴趣。

3. 看视频二[2]，回答问题（10分钟）

　　请学生看视频，然后回答以下问题：

　　（1）女方都问了男方哪些问题？（关键词：长相、年龄、房子、工资、车）

　　（2）你觉得女方这样问会不会太直接？

　　（3）概括一下这个女孩儿的特点。（关键词：现实、结婚狂、可爱过头）

视频二比较搞笑，但实际上说出了大家相亲都比较关注的问题。

4. 讨论以下问题（10分钟）

　　（1）你觉得男女在相亲的时候，一般都会聊哪些话题？

　　（2）你觉得在相亲的时候，应该男人花钱还是女人花钱？

　　（3）你觉得通过相亲能找到真正的爱情吗？

　　（4）如果你要相亲，你对你的"对象"有什么要求？

5. 模拟一次相亲（10分钟）

模拟相亲的方式可以有两种：一种是抽签配对；另一种是女方位置不动，男方移动，每次聊两分钟左右。

1　视频一节选自电视剧《北京爱情故事》第20集（10分钟前后），内容是主角之一林夏在父母安排下参加相亲大会。
2　视频二节选自电影《追爱总动员》（30分钟前后），内容是男主角相亲。

教学后记

相亲对于大多数学生来说还是非常陌生的。课文中讲了几个相亲的情景，作者的语言也非常幽默，但学生还是不太清楚相亲到底是怎么一回事，也觉得离自己的生活太远，所以在课堂上发言就不太积极。

本案例的视频材料虽稍显夸张，但学生可以比较直观地了解相亲的情况，找到自己感兴趣的话题并进行讨论，达到练习口语的目的。比如当看到视频一中男3号说自己"上得厅堂，下得厨房"时，大家都乐了。笑过之后，有的同学就提出疑问："这为什么不可以作为选丈夫的标准呢？不能只这样要求妻子啊！"大家就此展开了讨论。

视频一的主要内容是一位大龄"剩女"听从父母的安排参加一个相亲会，她一共见了三个男人，分别是"工作狂""土豪""家居男"，个个都是"奇葩"，让她很无奈。视频二是一男一女相亲，女方是一个"结婚狂"，但要求特别多，男方的星座、幽默感、房子、车子、月薪等统统都要问，男的很老实，最后被吓跑了。

这两个视频节选自电视剧或电影，因为内容非常夸张，让人难忘，所以讲到这一课的时候笔者拿过来用，学生们非常感兴趣。老师平时可以多留心，积累一些课堂上能用到的素材，分门别类地整理好，以便上课时使用。

案例 29

巧用视频辅助生词教学——以"明明"为例

朱晓花

 案例导入

1. **教学内容**

   副词"明明"的教学。

2. **教学背景**

   课　　型：初中级口语课，本案例为生词教学环节

   使用教材：《汉语口语速成·提高篇》(第二版)，第 13 课《特别的经历》(北京语言大学出版社，2006 年)

   教学对象：汉语培训班一对一授课的学生，男性，40 岁左右，韩国某服务行业公司驻中国代表，刚来北京，口语为初中级水平。该学生在上海工作了 8 年，以前学习的都是商务汉语，日常生活方面的口语比较弱。

   教学时长：25 分钟

3. **多媒体手段**

   视频、图片

4. **教学目标**

   让学生准确理解副词"明明"并掌握其用法，能在生活中学以致用。

二 教学设计

1. 导入（11分钟）

（1）老师板书"明明"，学生认读，老师纠正发音、领读。（1分钟）

（2）看视频一[1]，学生边看老师边提问。（4分钟）

视频一的情节是男主角给女孩表演魔术，他先往杯子里放了一枚硬币，变完魔术后硬币不见了。

师：视频里，你看见了什么？
生：我看见他往杯子里放了一枚硬币。
师：现在杯子里有硬币吗？
生：没有硬币。
师：对，刚才我们很清楚地看到杯子里有硬币。现在呢，杯子里却没有硬币。那我们想强调自己看到的情况，可以怎么说呢？
生：刚才杯子里有硬币。
师：很好，不过我们还可以用"明明"来强调：刚才杯子里明明有硬币，但现在杯子却是空的。

> 这个视频的台词里没有"明明"，但是直观地展示出了"明明"的语义情景，前后产生的明显对比，让学生更容易体会其中的语境。

（3）看视频二[2]，看完后老师引导学生总结出带"明明"的句子。（4分钟）

视频二的情节是女主角误以为男主角拿了她买的可口可乐，面对这种情况，女主角说"明明是我买的"。

师：你看到这一罐可口可乐是谁买的？
生：女人买的。
师：但男的却说是他买的。这种情况下，你会怎么说？
生：这罐可口可乐明明是女人买的。
师：非常好。

> 这个视频简单易懂，情节贴近实际生活，能突出强调语气，更容易让学生记住。
>
> 女主角说出"行了，明明是我买的"这一段可以先不播放，老师引导学生自己说出有"明明"的句子后，再看女主角是怎么说的。

（4）老师总结（2分钟）

老师介绍"明明"的意思和用法：

"明明"是副词，表示事情很明显、很清楚是什么样。用"明明"的小句前或后常有反问或表示转折的小句。

> 如果班上有多个学生，学生的答案可能会不同，老师可以借此机会说一个答案，并用上"明明"，让学生体会一下说"明明"时的语气。

---

1 视频一节选自电视剧《北京爱情故事》第1集。
2 视频二节选自电视剧《我的经济适用男》第1集。

2. **练习**（15 分钟）

（1）看视频三[1]，老师引导学生说句子。（4 分钟）

视频三的情节是女主角偷拿点心，让厨娘很疑惑，说出"怎么又少了两个？我刚刚明明放了的呀！"。

师：刚才这位女士放了几个点心？

生：两个。

师：可是转过身之后发现了什么？

生：少了两个。

师：所以她会说什么？用"明明"怎么说呢？

生：我明明放了两个。

老师继续播放视频，可以让学生复述"怎么又少了两个？我刚刚明明放了的呀！"。

（2）设置情景，引导学生说句子。（15 分钟）

1）看图片一（见图 1），引导学生说句子。

图 1

师：这位女生的头发跟老师的头发长短差不多。

生：他明明是男生。

2）看图片二（见图 2），引导学生说句子

图 2

> 老师播放这段视频时可先在有"明明"的句子前暂停，引导学生自己造句。这段视频虽然出自古装剧，但视频中并未出现较难的词汇，学生不难理解。

1　视频三节选自电视剧《芈月传》第 2 集。

学生掌握了"明明"的用法之后，老师需要训练学生用该词进行成段表达的能力。	师：这是故宫。 生：这明明是上海的外滩。 （3）成段表达训练：口述"一次找东西的经历"。（6分钟） 参考词语：不见了、明明、翻遍。

 三 教学后记

"明明"是副词，表示事情很清楚、很明显是什么样，一般是在实际中出现了与说话人的认知相矛盾的情况时用来强调自己的认识。学生自学的时候觉得这个词很难，不明白是什么意思。在导入环节，老师直接运用视频中的情景直观形象地展示了"明明"的意义，一步一步引导学生说句子，学生很容易理解，而且印象深刻。

需要注意的是，在教学过程中，老师一定要根据学生情况选用视频，切不可因为讲解视频内容而忽视了授课重点。

案例 30

使用视频导入商务汉语写作课
——以"招聘书"写作为例

徐江丹

 一 案例导入

1. **教学内容**

   使用视频导入商务汉语"招聘书"写作。

2. **教学背景**

   课　　型：写作课

   使用教材：《我的汉语教室》（中级）第一册

   （人民教育出版社，2007年）

   教学对象：汉语培训班一对一授课的意大利学生，女性，31岁，南非某贸易公司驻宁波代表，HSK3级考试成绩优秀，一对一学习时间已有约200小时。学生平时工作环境中会接触比较多中国人。

   教学时长：160分钟，分为两个课时，每个课时80分钟

3. **多媒体手段**

   视频、招聘网站

4. **教学目标**

   通过本课学习，学生能掌握商务汉语写作的方法和技巧，锻炼并提高用汉语思考的能力。

教学设计

写作首先要让学生"有话可说"。本案例选取的两部影视作品片段中,两位主角在面试中面对招聘方着装要求的不同反应,让学生很快明白老师的意图,并为后面的启发性讨论提供有意义的讨论内容。

注意:老师选择视频时应考虑学生的实际听力水平,且视频时间不可太长。本案例中两段视频时长均约一分钟。

在学生表达看法前,老师可以做一些必要的规则说明,比如使用刚学过的某几个生词、句型,可以帮助学生更好地复习和应用语言知识。

(一)第1课时:学习招聘书写作(80分钟)

1. 视频导入和解说(5分钟)

老师播放两段关于求职面试的视频片段[1]。

2. 启发性讨论(15分钟)

师:如果你是人力资源部的经理,遇到这两位求职者,你会更愿意给哪一位工作机会?为什么?请尽量用本课课文中学习过的关联词来说明原因。(老师板书词语和句型)

学生发表自己的看法,使用的词语和句型包括"因为……""即使……也……""哪怕……也""毕竟""作为……""只要……,就……"等。

师:看来作为人力资源部的经理,要对招聘人才非常重视。我们要找什么样的人才?人才们到底想找什么样的公司?

学生回答问题后,老师板书学生提出的要点,并用PPT向学生出示招聘的参考要点。(见图1、图2)

写作的思路非常重要。写作招聘书应注重从实际生活中总结思路。招聘是一个双向选择的过程,如果不注重在这方面给予学生必要的指导,可能导致学生过于强调一方面的需求而造成招聘失败。

```
我们需要什么人才?

1. 有工作能力,能为公司创造价值。
2. 了解自己,愿意学习,能与同事、上级沟通交流。
3. 工作态度积极,使公司文化更具多样性。
```

图1 招聘方的需求

```
人才需要什么?

1. 公司有发展前景,管理人性化。
2. 职位有上升空间。
3. 薪资合理。
```

图2 应聘者的需求

---

1 视频一节选自电视剧《小时代》第5集(26分13秒处)。
视频二节选自电影《当幸福来敲门》(43分处)。

3. 师生讨论整理写作步骤（30 分钟）

（1）老师展示 PPT，导入招聘书应包括的几个要素，学生依次回答以下问题：

1）你可以介绍一下你的公司吗？
2）你要招聘什么岗位？新员工要负责什么工作？
3）你对应聘者有什么具体的要求？
4）你打算支付多少薪水给新员工？
5）你公司的正式联系方法有哪些？

（2）老师向学生展示现场招聘会的海报和招聘网站上的招聘书图片，比较不同招聘方式下招聘书写作的不同风格。

4. 老师布置作业，学生当堂完成（30 分钟）

让学生现场写一篇简单的招聘会招聘书，要求根据自己公司的真实情况进行写作。完成后老师点评。

（二）第 2 课时：学生写作网络招聘书（80 分钟）

1. 老师介绍中国常用的招聘网站（10 分钟）
2. 学生学习所在行业的汉语专业词语（15 分钟）
3. 学生写作，老师点评（30 分钟）
4. 学生发布招聘广告（25 分钟）

如果公司确实有招聘需求，请学生在以上两个招聘网站中选择一个发布招聘广告。

> 商务汉语的学习目的很明确，即学生下课以后就能马上运用学到的知识。通过整理写作步骤使学生了解中国人的招聘思路和要求，同时简单明了地为他们补充一些相关工作的行业词汇。这要求老师对学生以及他所在的行业有一定程度的了解。
>
> 展示现实生活中不同招聘方式下的具体情况。简单的招聘书实例讲解化解了学生的畏难情绪，学生当堂写作的积极性很高。
>
> 第 1 课时完成后，学生思路很清晰，已经能够写出简单的招聘书了。如果公司确实有招聘需求，学生可以在网络上发布中文招聘广告，就更有成就感了。

三 教学后记

由于商务汉语实用性很强，学生在学习的时候往往积极性比较高。商务写作课的难点在于思路的整理和行业专业词汇的强化补充。另外，中西方文化和思维方式的差异、如何使用礼貌的汉语进行交流是学生关注的焦点。

通过视频对比导入本课内容，学生特别乐于接受。本案例的学生有很丰富的商务工作经验，汉语听说能力也特别强，立刻就能开展讨论，从而能保证课程的正常开展。老师选用影视作品时要慎重，视频语速过快或者内容较多容易让学生产生畏难情绪。

需要注意的是：在招聘网站发布招聘信息前，学生需要先在该网站上完成企业注册等步骤。这需要老师协助学生完成。老师还需要花一些时间来讲解网站的操作方法。

案例 31

借助影视视频辅助高级阶段学生学习汉语口语

曹 芳

一 案例导入

1. 教学内容

从时下流行的中国电影、电视剧中选择趣味性较强的片段，通过视听、问答、复述、讨论等几个环节的学习，帮助学生全面提高听说读写能力，掌握地道的汉语口语，并了解中国社会的文化背景，理解中国人的思维方式，成为真正的"中国通"。

2. 教学背景

课　　型：高级口语课

选用教材：《看电影，知中国》〔PALM Chinese（手里汉语）自编教材〕

教学对象：韩国外交官，年龄均在 40 岁左右，5～7 人。学生的汉语水平均已达到 HSK 5 级或 6 级，口语沟通基本无障碍。由于工作需要，学生对中国的政治、经济、文化、教育等各方面都有浓厚的兴趣，迫切希望学习地道的汉语口语，深入了解真实的中国。

教学时长：约 45 分钟

3. 多媒体手段

影视视频

4. 教学目标

（1）学生能听懂地道的汉语口语表达，但不要求使用。

（2）学生可以正确使用陈述过去事情的表达方式，准确、流利地复述故事情节。

（3）学生能针对某一特定话题，阐述自己的观点，并展开说明。

教学设计

1. **视频片段学习（10 分钟左右）**

   （1）听力练习。（5 分钟以内）

   老师将视频[1]提前剪辑好（时间应控制在一分钟以内），存在电脑里。课堂上，老师使用笔记本电脑播放视频。

   （2）问答练习。[2]（5 分钟左右）

   视频播放结束后，老师根据内容提问，随机选择学生回答。

   师：这个男人在哪儿？在做什么？
   生：看起来，他在老婆的公司，好像正在找他的老婆。
   师：对，他在找他的老婆。可是，他为什么对年轻男人发脾气？
   生：不太清楚。
   师：那这个年轻男人的衣服怎么样？
   生：他脱了衣服……啊！所以老公误会了。
   师：对！这个年轻男人脱了上衣，所以老公误会了。那他为什么脱掉上衣？
   生：因为今天是周末，没有空调，太热了。
   师：好的。谁来用完整的句子告诉我，视频里发生了什么事？
   生：一个男人到公司找他的老婆。今天是周末，没有空调，特别热。一个年轻的男人觉得太热了，所以脱掉了上衣。这个老公看到了，误会了，所以对他发脾气。
   师：非常好！下面我们看书的第一页。

2. **教材学习（20 分钟左右）**

   （1）问答练习。（5 分钟左右）

   根据视频内容列出 3～4 个问题，让学生回答，帮助学生深入理解视频内容。

   1）这个男人在哪儿？在做什么？
   2）他为什么对年轻男人发脾气？
   3）年轻男人为什么脱了上衣？
   4）最后，男人让年轻男人去做什么？为什么？

尽管学生汉语水平较高，但影视作品中会出现很多不同于教材的口语表达，且有些发音含混不清，仍有一定难度。因此视频节选内容不宜过长，以免影响学生的学习积极性。

如果学生表示没有听懂，老师可以重播视频，或重点听较难的部分。

老师提出问题后不要长时间等学生回答，应积极主动和学生互动，并及时提示，引导学生说出答案。

老师应注意把开口机会平均分配给每个学生，避免只和汉语水平高或性格活泼的学生互动，冷落水平相对较低或性格内向的学生。

使用多媒体手段辅助教学时不能完全脱离纸质教材。不可否认，"看书"仍是最符合大部分学生学习习惯的方法。

提问应尽量具体，针对细节或学生不容易理解的难点，而不是简单地问"这段视频说了什么？"。

---

1 视频节选自电视剧《虎妈猫爸》第 1 集。
2 为展示真实学习情况，本案例学生发言内容未做任何修改。

此环节要求填空的内容均为口语表达难点。听、说、读、写全方位训练，有助于加深记忆。

注意：

1. 对学生不熟悉的语法结构应进行详细讲解，可在白板上通过替换练习进行操练。

2. 视学生的兴趣、对内容的掌握情况及时间安排等因素，也可以安排分角色扮演活动。

由于韩语中也用类似英语"-ed"的后缀来表示过去时态，因此在用汉语描述过去的事情时，韩国学生受母语负迁移的影响非常严重。复述环节可以帮助学生逐渐纠正错误的语言习惯。

虽然学生的表达中可能还有其他语法错误，但老师只挑出最严重的错误进行纠正即可，否则会打击学生发言的积极性。

（2）填空练习。（5～10分钟）

学生先看台词文本（见图1），了解影视作品中出现的口语难点。

然后老师挡住文本，学生进行填空练习。

台词文本	填空练习
老　公：人呢？啊？在哪儿呢（你）？ 跑哪儿（去）了？ 你干什么呢（你）？	老　公：人呢？啊？在哪儿呢（　）？ 跑哪儿（　）了？ 你干什么呢（　）？
男下属：哥，（不是），周末加班没空调，（太）热（了）。	男下属：哥，（　），周末加班没空调，（　）热（　）。
老　公：（不是）让你接我老婆（吗）？怎么接公司（来）了？	老　公：（　）让你接我老婆（　）？怎么接公司（　）了？
男下属：是啊，我接了毕总，毕总就让我过来加班（来）了。	男下属：是啊，我接了毕总，毕总就让我过来加班（　）了。
老　公：劳动法，你懂不懂？你告她（去）啊？	老　公：劳动法，你懂不懂？你告她（　）啊？

图1　填空练习

（3）复述故事情节。（5分钟左右）

师：谁来完整地告诉我，这段视频中发生了什么事？金先生？

金：一个男人去了老婆的公司，因为老婆没回家，他很生气了。然后，他看见一个男人脱衣服了，更生气了。其实，他误会了。周末没有空调，很热了，所以那个男人脱衣服了。

师："很生气了""很热了"，对吗？（板书：很生气了。很热了。）

我们记住，一般情况下，"很"和"了"不要一起用。

可以说"我生气了"，但是不能说"我很生气了"。

可以说"我热了"，但是不能说"我很热了"。

3. 话题讨论（10～15分钟）

老师根据视频内容设计常见话题，要求每个学生都参与讨论。老师纠正学生的发音及语法错误。

师：好的，请大家看最后这个话题："你赞成周末加班吗？"。谁来回答一下？金先生，可以试试吗？你赞成周末加班吗？

金：我不喜欢周末加班。周末我要见面朋友，和朋友打高尔夫。或者，和孩子们一起看书、看电影什么的。

师：好的，看来，金先生是非常注重劳逸结合的人。（板书：劳逸结合）劳逸结合的意思是劳动和休息结合，这样就不会太累了，对吧？但是，金先生刚才说，周末要"见面朋友"。这个说法对吗？"见面"是一个……？

> 由于学生水平较高，因此老师可在学习过程中适时补充一些难度较高的词汇，结合具体情境，便于理解和记忆。

生：离合词。

师：对，"见面"是离合词，后面不可以加宾语，对吗？（板书：见面＋宾语）那我们应该说……？

生：见朋友。和朋友见面。

师：对，我们可以说"周末我要见朋友"，或者，"周末我要和朋友见面"。好的，下一位，轮到谁了？朴先生，你赞成周末加班吗？

> 对于已经反复学过的语法点，老师不要直接讲解，要留给学生足够的时间回忆。最好由学生自己说出所学知识点。学生实在想不起来时，老师应及时说出，避免冷场。

生：赞成，因为加班的话有加班费。现在物价越来越高，房子越来越贵。我要交贷款，所以应该经常加班。

师：哈哈，太太孩子周末休息，您加班挣钱还贷款（板书：贷款），对吗？您真是模范丈夫、模范爸爸。大家应该向朴先生学习。

……

师：好，大家都说得非常好。有的人觉得周末应该加班，有的人不喜欢加班。那电视剧里的这个老公怎么想？他赞成太太周末加班吗？

生：他不喜欢太太周末加班，但是他的太太是工作狂，不听他的话。

> 学生不论年纪大小，都需要鼓励。除了汉语发音、语法、词汇以外，对学生的性格、长相、生活习惯及工作态度等各方面都可适时进行夸奖。让学生爱上这个课堂。

师：对，非常好，工作狂（板书：工作狂）喜欢加班，这个老公不喜欢。

三 教学后记

很多学习多年且在多种汉语考试中已取得高等级成绩的学生还是会遇到听不懂中国人说话的情况，主要原因是口语表达丰富、灵活、多变，不是一本教材可以完全包含的。

本案例借助电视剧片段重现真实的中国生活场景，对汉语水平较高的学生来说，是兼具趣味性及实用性的学习内容。且案例所用教学工具及教学方法简单，对老师来说也易于操作。

案例 32

视频材料和抽签软件在初级汉语口语课中的应用
——以《做客》为例

吴丹华

 一 案例导入

1. **教学内容**

    口语课课文的讲练。

2. **教学背景**

    课　　型：初级汉语口语课

    使用教材：《汉语口语速成·基础篇》(第二版)，第6课《做客》

    （北京语言大学出版社，2006年）

    教学对象：掌握700个词左右的汉语进修生，共21人，分别来自法国、俄罗斯、乌克兰、哈萨克斯坦、乌兹别克斯坦、孟加拉国、韩国和泰国等国家。学生母语背景较为复杂，老师授课时尽量不使用媒介语。

    教学时长：约70分钟

3. **多媒体手段**

    音频、视频、图片、抽签助手软件

4. **教学目标**

    （1）通过视频片段消除学生对中国做客文化的误解，并让学生迅速习得本课功能句。

    （2）利用抽签软件增加学生开口练习的机会，活跃课堂气氛。

教学设计

1. 导入（约 5 分钟）

师：你们去别人家做客的时候带礼物吗？可以送什么礼物？

生 1：一般要带礼物，可以送水果、酒什么的。

生 2：……

师：嗯，吃的、喝的都可以，在中国也一样。我们一起来了解一下，哪些礼物不适合送给中国人。

　　PPT 逐页展示在中国不适合当礼物的东西，如鞋、钟等，老师简单解释一下原因。

2. 听读课文（约 10 分钟）

（1）学生听课文，老师在 PPT 上展示问题。（见图 1）

> 1. 课文里有几个人？他们是谁？
> 2. 飞龙去别人家做客，送了什么礼物？

图 1　展示问题

　　让学生带着问题听录音，增强听的目的性。

（2）学生回答问题。

（3）PPT 展示课文内容，老师领读课文。

（4）学生分角色读课文。（使用抽签助手选出读课文的学生）

师：下面我请四位同学来读一下这篇课文。谁扮演黄勇、飞龙、爸爸、妈妈？我们让抽签助手来决定。

（5）再次用软件选出四位学生分角色读课文。

（6）全班齐读课文。

　　把课文展示在 PPT 上，让学生看 PPT 读课文，这样学生看不到书上的拼音，有助于他们尽早丢掉拼音的"拐棍"，也便于老师对读课文的过程进行控制。

3. 讲解课文难点（约 10 分钟）

（1）讲解"早就"的用法。

（2）讲解"X+什么"表否定意义的用法。

　　使用抽签助手软件随机选人，可以让不积极发言的学生开口，保证每个学生的开口机会，同时也可有效活跃课堂气氛，抓住学生的注意力。

　　抽签时，请一个学生喊停，像击鼓传花一样，会更加有趣。

4. 根据课文内容提问（约 10 分钟）

（1）学生互相提问。

老师用抽签助手选一位提问的学生，让这位学生找一个人回答他的问题，回答完的同学又变作下一个提问的人，以此类推，做一个问答接龙的小游戏。

（2）老师补充提问并导入功能句。

师：刚才同学们问得好，回答得也不错。我想再问同学们两个问题。（PPT 展示问题，见图 2）

　　学生互相提问，有助于训练他们问问题的能力。

　　注意：此环节使用抽签软件时，尽量等软件循环的时间长一些再按"停"，除了适当增加紧张感外，还可以给学生留出思考问题的时间。

> ➤ 黄勇的爸爸妈妈看到礼物高兴吗?
> ➤ 他们为什么说"谢谢!带什么礼物呀!你真是太客气了。"?

图 2　老师提问

师:黄勇的爸爸妈妈看到礼物高兴吗?妈妈为什么说"谢谢!带什么东西呀!你真是太客气了。"?

生:老师,我觉得他们不太喜欢飞龙带的礼物,因为"带什么东西"的意思是不要带东西。(非亚洲文化圈的学生可能会有类似的误解。)

师:好,我明白你的意思了,我们先看几个视频[1],内容是一个男的第一次去女朋友家,带了一些礼物。注意:女孩儿的爸爸妈妈收到礼物的时候都说了什么?他们高兴吗?

5. 讲解功能句的文化意义（约 10 分钟）

（1）老师把 1 分钟左右的视频分成四个片段（每段 20 秒左右），按顺序播放。

师:这是男的刚到女孩儿的家,向女孩儿爸妈问好。
师:男的在做什么?
生:他在送礼物。
师:对,他送的是爸爸喜欢的酒和妈妈喜欢的花。
师:妈妈是怎么说的?
生:妈妈说"带什么礼物啊"。
师:再看爸爸说什么?
生:爸爸说"你太客气了"。
师:非常好。现在你觉得爸爸妈妈收到礼物以后高兴吗?
生:(恍然大悟)他们非常高兴。
师:中国人收到礼物的时候,一般要先谢谢别人。可是只说谢谢,会让人觉得诚意不足,所以他们会说"带什么东西呀,你真是太客气了",意思是"你送我礼物,我非常感谢你"。他们说"带什么礼物",是很客气的说法,不是不高兴或者不喜欢。

（2）PPT 展示功能句（见图 3），学生齐读,然后个读。

播放视频前先提一个与功能句意义相关的问题,让学生带着问题去看视频。

如果学生汉语水平较低,可以把一段连贯的视频分成四个片段,把一些干扰理解的话剪掉。而且每播放一段后,老师最好对场景内容稍加讲解,便于学生理解。

通过视频中人物的生动表演,学生很快可以发现自己先前对黄勇父母态度的误解,这比老师费尽唇舌讲中国送礼的文化更容易让学生理解。

1　视频节选自电视剧《北京爱情故事》第 21 集。

图 3　功能句展示

（3）设置语境拓展功能句。

师：好，我们来做个练习。（给学生一个礼物）我是你的中国朋友，你要回国了，我送你一个礼物，你会说什么？

生：谢谢！带什么东西呀，你真是太客气了。

师：你应该说，"送"什么东西，不能说"带"。做客的时候，可以说"带"。

（4）讲解第二个功能句。

师：好，你们再看一下，课文中飞龙送礼物时是怎么说的？

生：我不知道带点儿什么好，这是……

（5）PPT展示该功能句，学生齐读，然后个读。

（6）利用视频拓展功能句。

老师再次播放视频片段。

师：再看一遍视频，注意男的说什么了。

生："伯父伯母，我这头一次来，也不知道你们喜欢什么"。

师：对，送礼物的时候，我们还可以说"我也不知道你喜欢什么，这是……"。

6. 视频回放（约2分钟）

老师把四段视频再完整播放一遍。

7. 学生再读一遍课文并复述课文（约10分钟）

8. 自由对话（约10分钟）

PPT展示本课话题、关键词和功能句，老师请学生做对话练习，要求他们的对话必须用上这些关键词和功能句。

> 学生习得功能句之后，老师可以多给学生设置一些语境，让学生学会在不同的语境中使用该功能句。

> 如果很难通过设置语境来拓展功能句，我们还可以利用视频来拓展。鲜活的视频和老师直接的语言输入相比，更便于学生理解和记忆。
>
> 视频可不局限于同一个，视频越多，学生越容易习得更多相似的表达。
>
> 如果学生水平较低，老师可以功能句出现后暂停一下视频，很多学生借助字幕也能说出功能句。

> 通过之前的学习，学生完全能看懂这段视频了。最后完整播放一遍，有助于增强学生的信心和成就感。

 三　教学后记

在汉语教学中，文化差异带来的误解是我们常常遇到的问题。如何让学生能以最短的时间、最生动的方式了解中国文化以及相对应的语言表达？我相信视频是非常好的一个教学辅助工具。如何选取视频材料呢？我认为，第一，视频一定要取材于生活，最好是描写现代人生活的电影、电视剧；第二，人物对话中要包含本课功能句；第三，如果遇到语速较快，干扰词、句太多的视频，我们需要剪辑一下；第四，如果学生汉语水平不高，还需将视频分成小片段，老师对每段的内容也应当稍加解释。学生反映，这种生动鲜活的材料，不但让他们觉得生动有趣，还让他们很快理解了中国文化，从而很快记住了功能句。最重要的是，弄懂了功能句之后，他们在很短的时间内看懂了视频片段的内容，使他们觉得很有成就感，对以后的学习更有但信心。

　　汉语教学中好的课堂气氛可以让语言学习摘掉枯燥的帽子，让大家在玩儿中学。我们在教学过程中常常会遇到不愿意发言的学生，为了保证每个学生的开口率，我们可以使用各种办法。我发现抽签助手这一软件很有用。把学生的姓名全部输入软件中，模拟抽奖现场，由软件选出接受任务的学生。学生们说抽签的时候他们都特别紧张，很担心抽到自己，所以没抽到自己的时候就想欢呼呐喊一下。所以这个小小的抽签软件，可以十分有效地活跃课堂气氛。

使用短视频或图片辅助汉语教学

案例 33

巧用短视频教"请给我一杯……"句型及饮料词语

汪海霞

 案例导入

1. **教学内容**

   课堂活动：用短视频《请给我一杯》[1]，结合说唱法教句型和饮料词汇以及量词"杯"。

2. **教学背景**

   课　　型：初级汉语课，本案例为教学环节的口语操练部分

   教　　材：《汉语乐园》（第二版）课本1，第11课《你们喝什么》（该教材适合小学生，本课内容拓展后也适合中学生）

   （北京语言大学出版社，2014年）

   教学对象：美国高中生，共12个学生，都是母语为非汉语的零起点学习者，汉语水平处于初级阶段，学了基本的会话，包括问候、家庭、爱好等等。

   教学时长：1课时（50分钟）

3. **多媒体手段**

   短视频《请给我一杯》、图片

4. **教学目标**

   按照美国外语教学标准，从学生角度来设定目标(Can-Do Statements)：

   （1）学习新词语：咖啡、水、茶、可乐、牛奶、果汁。

   （2）用"请给我一杯……"句型对话，学会在餐馆和飞机上点饮料。

---

1 《请给我一杯》视频选自 How Do I Learn Chinese 网站。

二 教学设计

1. 导入（Warm up）（5 分钟）

（1）让学生了解这堂课的教学目标〔Can-Do Statements（学生可以做到）〕：学习 6 个关于饮料的生词及"请给我一杯……"句型。

（2）播放短视频《请给我一杯》，让学生对将要学习的饮料词语有个初步印象。

2. 输入（In-put）（10 分钟）

（1）生词练习。

老师用 PPT 上的图片帮助学生学习生词，学习时可以采用跟读、齐读或问答的方式。有的词汇发音学起来很快，比如"咖啡"和"可乐"；有的词汇需要多次跟读纠音，比如"水"和"牛奶"。

（2）句型练习。

老师示范后，学生两人一组进行对话练习，对话场景为"在朋友家"。

PPT 上展示对话句型：

A：你喝什么？

B：我喝牛奶 / 果汁 / 水 / 茶。

在课堂教学时，老师可以使用真实的道具，比如几种饮料的空盒或者写着饮料名称的纸杯，教学效果比较好。

3. 控制型练习 (Guided Practice)（15 分钟）

再次播放短视频《请给我一杯》。

这部分练习的场景为"在餐馆"（见图 1），对话句型稍有变化，更适合正式的场合。老师示范后，学生两人一组进行练习。

《请给我一杯》歌曲朗朗上口，容易记忆。需要注意的是，在美国教中小学生时请避开"啤酒""白酒"等词汇（老师可以剪辑掉相关片段），因为在美国满 21 岁才可以饮酒，非常严格。教学内容按照要求也要尽量避开"酒"字。

之所以强调场景，是因为"在朋友家"和"在餐厅"使用的语言稍有不同。在餐厅常用"您"和"请"，更正式些。强调场景可以让学生明白在不同的场合怎样说话更合适。

第二次放视频，请学生跟唱，并说出完整句子"请给我一杯可乐"（或者其他饮料）。

图 1

PPT 展示对话句型：

A：请问，您喝什么？

B：请给我一杯可乐/咖啡/牛奶/果汁/水/茶。

练习时，老师可以给每组学生发一个杯子和一组饮料词语图卡（正面是饮料图，反面是汉字）。角色扮演时，服务员把相应的图片放入杯中递给顾客，这样更有趣味性和真实感。

4. 独立练习 (Independent Practice)（15 分钟）

将场景改为"在飞机上"（见图 2），学生重新分组，进行角色扮演的对话练习。这次练习需要将对话内容再拓展一点，显得更真实些。

这一环节的教学重点是让学生通过角色扮演活动，在不同的场景下比较自然地进行对话。

上个环节中，每组学生使用的杯子和饮料图片，这里可以再次使用。

另外，如果时间充裕，学生也可以再次练习"餐厅"场景，并加上"欢迎光临""请问几位？""请坐"等，根据学过的知识灵活增加对话内容，使对话更自然。

图 2

PPT 展示对话句型：

A：您好！请问，您喝什么？

B：请给我一杯可乐/咖啡/牛奶/果汁/水/茶。

A：好的，您的可乐。

B：谢谢。

A：不客气。

这次练习要求学生尽量不看 PPT 上的提示，而且每个小组练习后要当堂表演。

5. 小结（Closure）（5 分钟）

第三次放视频，并回顾教学目标。请学生伸出手指给自己打分（分值 1~5），评价学习效果。这是比较直观的自我评估，也可以给老师提供参考。

 三 教学后记

本案例强调运用短视频和学唱歌曲的方式来增加学习的趣味性,帮助学生记忆;也特别指出变换场景的重要性,使口语练习不只是单调重复,而有适当的拓展。

笔者在多年的教学实践中,根据学生不同的学习层次教给学生不同的歌曲。对于零起点的学生,《请给我一杯》这首歌曲非常适合。这首歌以"拼音+汉字+图片+音乐"的方式呈现,曲调朗朗上口。之所以选择这首歌,首先是因为它的难度和学生的学习进度相吻合;其次,这首歌的演唱方式和歌词也符合初级阶段词汇教学需要:整首歌除了"1、2、3、4"和"请给我,请给我,请给我,谢谢!"这两个部分外,其他的歌词都是同一个句式,即"请给我一杯……",而歌词中提到的各种饮料,如"咖啡、水、茶、可乐、牛奶、果汁"都是学生需要学习的词语。

学生通过学唱这首歌不仅很快记住了这些饮料类生词和"请给我……"的句型,同时记住了饮料的量词"杯",可谓是一举三得。在学期末的表演或者春节期间的文艺汇演上,这首歌是最受欢迎的。这也证明了多媒体教学是行之有效的。

案例 34

巧用视频辅助可能补语的教学
——以"V+得/不+懂"及"V+得/不+完"为例

许昌茹

 一 案例导入

1. **教学内容**

   可能补语"V+得/不+懂"及"V+得/不+完"的意义及用法。

2. **教学背景**

   课　　型：综合课，本案例为语言点教学环节

   使用教材：《新实用汉语课本》（第二版）第三册，第33课《保护环境就是保护我们自己》

   （北京语言大学出版社，2012年）

   教学对象：意大利马切拉塔大学中文系的学生，共5人，已经学习汉语3年，汉语为中级水平。其中1名学生为希腊人，其余4人均为意大利人。孔子学院汉语课每周四个学时，一学期共计60个学时。

   教学时长：50分钟

3. **多媒体手段**

   视频、图片

4. **教学目标**

   通过视频、图片等多媒体手段，为学生提供生活化、交际化的语境，让学生更好地理解、运用可能补语"V+得/不+懂"及"V+得/不+完"。

教学设计

1. **导入（约5分钟）**

　　向学生展示京剧《贵妃醉酒》的视频片段。

　　师：你们听懂了吗？

　　生：我们没听懂。太难了。

　　师：你们听得懂吗？

　　生：听不懂。（读过课文后，大部分学生可以说出这句话）

　　师：对，老师也觉得京剧很难。我想问你们听懂的可能性（possibility），所以我问你们"听得懂吗？"。

　　PPT展示对话，老师领读：

　　A：你们听得懂京剧吗？

　　B：我们听不懂京剧。

　　然后老师为学生播放意大利经典歌曲《我的太阳》的视频。

　　师：你们听得懂吗？

　　生：我们听懂了。

　　师：你们听得懂，所以你们听懂了。

2. **讲解可能补语"V+得/不+懂"（约5分钟）**

　　PPT展示语法点，老师进行讲解。

3. **"V+得/不+懂"替换练习（约10分钟）**

　　（1）根据班级情况设置语境进行替换练习。

　　师：请你用希腊语说一句话。

　　希腊学生：Καληνύχτα。

　　师：（询问其他四位学生）你们听得懂吗？

　　意大利学生：我们听不懂。

　　师：老师也听不懂。你再用汉语说一遍。

　　希腊学生：晚上好！

　　师：你们听得懂吗？

　　意大利学生：我们听得懂。

　　（2）拓展练习。

　　展示中国书法艺术作品（见图1、图2），设置语境进行替换练习。

> 通过京剧《贵妃醉酒》设置语境，导入可能补语的教学，极大地吸引了学生们的兴趣。同时这一内容也作为语言教学中的文化教学，让学生更多地了解了京剧文化，一举两得。老师询问学生问题后，可对《贵妃醉酒》稍作介绍。

通过将中国书法中的行书与楷书进行比较,让学生根据自身感受体会可能补语"看不懂"与"看得懂"的用法,同时也让学生感受中国书法艺术不同书体的特点与魅力。

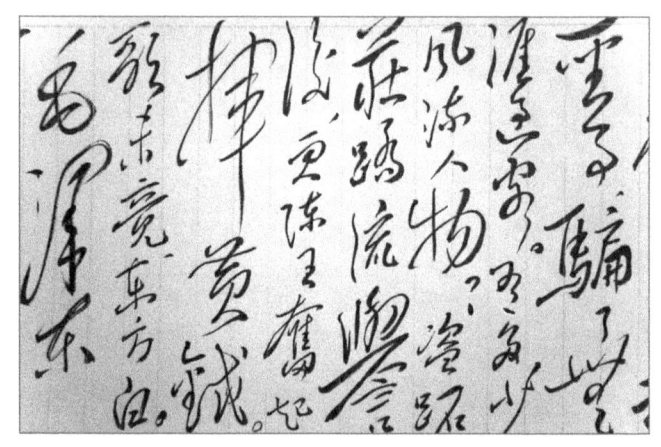

图 1

师:你们看得懂吗?
生:我们看不懂。

图 2

老师指定两个学生,进行一问一答对话。
　　生 A:你看得懂吗?
　　生 B:我看得懂。这是"和平"。
4. "V+得/不+完"的讲解练习(约 10 分钟)
　　PPT 展示图片(见图 4～7),进行对话练习。

图 4

师：他吃得完这些食物吗？（给学生一些思考的时间）
生：他吃不完这些食物。

通过对比性极强的图片，可以非常明显地展示出"吃得完"与"吃不完"两种可能性，引导学生运用可能补语进行练习。

图 5

师：她吃得完这些比萨吗？
生：她吃得完这些比萨。

图 6

师：她在做什么？
生：她在写作业。

师：她写得完作业吗？
生：她写不完作业。

图 7

根据图 7，老师让同桌之间互相问答，一分钟后进行检查。
生 A：她写得完作业吗？
生 B：她写得完作业。

5. **综合问答练习（约 10 分钟）**

PPT 依次展示图片"喝咖啡""吃西瓜""看书"。（见图 8）

图 8

老师随意指定班级两位学生，让他们进行问答练习。
生 A：他喝得完咖啡吗？
生 B：他喝得完咖啡。
师：很好！你们分别指定另一个学生，让他们进行对话。
生 C：她吃得完西瓜吗？
生 D：她吃不完西瓜。
师：很好！（走到学生 E 身边）她看得懂这本书吗？
生 E：她看不懂这本书。

> 按顺序依次展示图片，这样可以让学生集中注意力，避免过多信息的干扰。

6. 综合练习：故事接龙（约10分钟）

老师给出故事的开头："很久很久以前，有一个很奇怪的国王。……"

要求每个学生依次说一个句子来扩展这个故事，句子中必须包含"V+得/不+完"或"V+得/不+懂"结构。

> 故事接龙游戏让学生能够在特定故事背景下，用心思考如何合理使用"V+得/不+完"及"V+得/不+懂"造句。戏剧化的故事接龙过程不仅活跃了课堂气氛，而且加深了学生们对可能补语结构的记忆。

三 教学后记

本案例选取了丰富的多媒体材料，能够更加生动、形象地为学生提供恰当的语境，让学生通过一系列语境理解可能补语的意义及用法。学生反映对这节课的例句都记得十分清楚，对这一语法点的意义及用法也掌握得很好。特别需要指出的是，本案例的多媒体教学材料结合了中意两国文化，深受学生喜欢。很多学生觉得通过这节课不仅学会了可能补语，还更加深入地了解了中国的京剧及书法文化，受益匪浅。老师们在准备多媒体材料时，可以多多结合中国文化，这样学生对学习汉语更有兴趣。

另外，最后的故事接龙也令学生们印象深刻。通过夸张而富有想象力的造句，学生对可能补语知识的记忆更加牢固。

四 附录："故事接龙"环节记录

老师：很久很久以前，有一个很奇怪的国王。
生A：他吃得完十个西瓜。
生B：他喝得完二十瓶葡萄酒。
生C：他听得懂很多国家的语言。
生D：他还听得懂很多动物说话。
生E：国王一天能看得完五十本书。
师（引导学生使用否定形式）：突然有一天，国王看不懂自己国家的字了。
生A：他也听不懂别人说的话。
生B：他很难过，他吃不完一块比萨。
生C：他喝不完一杯葡萄酒。
生D（思考了一会儿）：但是，他还能听得懂动物说的话。
生E（思考）：他只能和他的小狗说话，但是他说不完他的难过。

案例 35

巧用视频辅助练习常用动词

袁 锟

 案例导入

1. **教学内容**

   复习并练习常用动词"拿、倒、切、涮、放、包"等。

2. **教学背景**

   课　　型：汉语口语课，本案例为语言点复习环节

   使用教材：《意大利人学汉语》，第 1 课《吃在中国》
   　　　　　（Hoepli 出版社，2010 年）

   教学对象：意大利某大学三年级学生，10 人，年龄 21 岁左右。学生已选修中文 2 年，HSK 3 级或 4 级水平，可以用中文做简单的话题讨论。

   教学时长：80 分钟

3. **多媒体手段**

   视频

4. **教学目标**

   让学生掌握、巩固课文中及日常生活中常用的动词"拿、倒、切、涮、放、包"等。

教学设计

1. 复习动词："这是什么动作？"（30 分钟）

老师展示短视频一（厨师切烤鸭的动作），并向学生提问。

师：大家一起说，这是什么动作？

生：这是"切烤鸭"。

师：对，这是"切"（做动作），"切烤鸭"。（PPT 展示"切 + 烤鸭"）

展示短视频二（包饺子的过程）。

师：那这个视频里有什么动作呢？

生（讨论）

师：（回放视频，分解做动作）这个动作是"拿"，"拿起来"。课文里说"拿起"什么呢？

生："先拿一张小薄饼"。

师：很好，跟我一起念。（PPT 展示"拿 + 薄饼"）

生（齐读，个读）

师：（指视频）这个呢就是中国的饺子，我们说"包饺子"。（老师根据视频、图片分别讲解"放"和"包"，此处省略）

师：好，现在我们来看这些句子。（PPT 上展示"切 + 烤鸭""拿 + 薄饼"等）这些句子有什么共同点？

学生讨论句子的共同点。老师在 PPT 上展示"V+O"结构及例句，带领学生读句子。

2. 游戏："你在干什么？"（20 分钟）

学生两人一组，一个人在前面做动作，另一个人说他在干什么。

3. 替换练习：看电影学动词（20 分钟）

播放电影片段[1]，让学生说视频里的动作。

师：他在干什么？

生：他在切牛肉。

……

4. 作业：我在做什么？（10 分钟）

将班级分成几个小组，每个小组录制一段关于"动作"的视频，要求每个学生都参与表演。

> 很多学生都对学过的动词理解不透、运用不当。借助视频可以让学生边学边看、加深印象。

> 学生先看视频，老师再做动作。视频内容清晰醒目，所有学生都可以清楚地看到所展示的动作，印象深刻。

> 先给出句子，再让学生总结规律。掌握句子结构后，学生可以从一般推到个别，造出更多的句子。

> 相比于静态的图片，视频更加生动。用电影视频做替换练习，可以提高学生的兴趣。

> 作业环节安排 10 分钟时间，可以让学生在课上完成，也可以让学生先复习，回家再完成作业。

---

1 节选自电影《失恋三十三天》，24 分 41 秒切牛排的情节。

教学后记

　　本文教学对象为意大利的大学生，汉语是他们的第二外语或第三外语。在这种情况下，不管是学校安排的课时还是学生本身为汉语付出的时间都远远不够，外国学生课下也很难像中国学生那样做好复习，因此课堂上的复习环节就显得尤为宝贵和重要。

　　复习课文时，如果单纯读课文做练习容易枯燥乏味，使用短视频则可以使课程生动有趣，吸引学生的注意力。用短视频导入课文词语，让学生更容易记住词语和例句。短视频简单易懂，并且不会占用过多课堂时间。学生普遍反映，相比于传统教学方式，利用视频学习效果更佳。

　　老师在选择视频时，要尽量选择有趣直观的片段。要提醒学生多留意生活中出现的动词，多用汉语进行表达。

 ## 附录：学生作业截图

动词：刷　　　　　　　　　　　　动词：剪

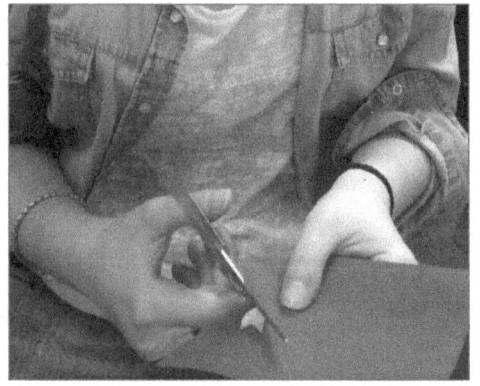

案例 36

利用自拍视频进行语言点作业设计

戴 嫕

 一 案例导入

1. **教学内容**

   语言点"动词+过""是……的"和"AA 式形容词重叠"的综合练习。

2. **教学背景**

   课　　型：初级汉语综合课，本案例为语言点综合练习环节

   使用教材：《汉语教程》(修订本)第二册上，第 5 课《我听过钢琴协奏曲＜黄河＞》
   和第 6 课《我是跟旅游团一起来的》
   (北京语言大学出版社，2006 年)

   教学对象：南京某高校 MBBS（全英文教学临床医学专业）一年级留学生，已掌握
   800 个词左右。全班共 27 人，分别来自美国、泰国、印度尼西亚、印度、
   斯里兰卡、埃及、加纳、尼日利亚、毛里求斯等国家。

   教学时长：40 分钟

3. **多媒体手段**

   自拍视频

4. **教学目标**

   在完成语言点"动词+过""是……的"和"AA 式形容词重叠"的教学后，通过布置多种形式的任务，使学生能够充分将这些语言点综合运用于现实交际中。

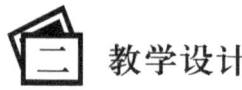 教学设计

（一）课前准备

1. 布置采访作业

老师将学生分为三人一组，要求每组完成一段限时 3 分钟的街头采访，并用手机或摄像机将采访过程录制下来。具体要求：

（1）学生 A 负责采访，并在采访过程中使用含有语言点"动词＋过"和"是……的"的句子。

（2）学生 B 负责摄像。

（3）学生 C 负责观摩。

老师应提醒学生注意以下几个事项：

（1）采访前应预先多准备几个含有"动词＋过"的问题，以免被采访者给出否定回答后采访无法进行下去。

（2）摄像前应先向被采访者说明来意，征得其同意后方可进行摄像。

（3）摄像时应注意选取相对安静的环境，并确保画面质量。

2. 完成采访作业

学生根据分组情况，合作完成采访和视频录制。

> 学生充分利用现代电子设备便捷的摄像功能完成一段口语作业，以便老师检查学生的学习情况。

（二）课堂活动（40 分钟）

1. 回收采访作业（20 分钟）

（1）学生 C 根据采访时的观察，使用语言点"AA 式形容词重叠"对被采访者的相貌进行口头描述。同时，学生 B 按照学生 C 的描述，在黑板上画出被采访者的形象。

（2）学生 B 完成画像后，使用第三人称向全班同学转述学生 A 和被采访者的问答情况。

（3）每组采访作业展示完毕后，请小组成员站在画像旁，老师为其拍照记录。

2. 采访作业评估、问答、记录（20 分钟）

（1）全班观看采访视频，并结合该小组成员在作业实施阶段和回收阶段的综合表现对该小组进行评分。

（2）采访视频观看完毕后，老师根据采访内容对其他学生进行提问。

（3）根据各小组的得分，选出得分最高的两组，为其颁发奖品，并拍照留念。

> 采用小组成员分工合作的形式，培养团队合作意识。

> 给每组的表现评分可以增强小组之间的竞争意识，促使学生认真完成作业。老师提问环节能保证学生仔细观看视频，保证课堂教学效果。颁发奖品和拍照记录可提高学生学习的积极性。

（三）课后拓展

1. 形成书面作业

（1）学生 C 将采访内容转写成文字，完成书面作业。

（2）学生 B 对被采访者的相貌进行书面描述。

（3）学生 A 对学生 B 和学生 C 的书面作业进行整理，使其成为一份完整的小组书面作业。

2. 书面作业及照片展示

老师将各小组书面作业和照片张贴在教室内进行展示。

> 口语作业（采访）和书面作业相结合，锻炼学生的听说和写作技能。

教学后记

本案例中的语言点分别出现在教材中的前后两课，即第 5 课（"动词 + 过"）和第 6 课（"是……的"和"AA 式形容词重叠"），并且"动词 + 过"和"是……的"这两个语言结构常常一起出现在对话中。为了使学生充分掌握这几个语言点，老师通过布置采访作业的形式，促使学生及时地在交际中运用语言点，并利用现代电子设备便捷的摄像功能对学生的语言表达进行追踪记录，起到检验学习效果的作用。分组的形式既强化了小组之间的竞争意识，又培养了小组成员之间的团队合作意识。同时，学生在交叉任务中的分工与合作，充分锻炼了他们的口语表达和书面写作能力。

学生们纷纷表示这类练习能有效督促他们及时运用所学语言点与中国人进行交流，一方面能练习口语，另一方面能交上中国朋友，感觉很有意思。

附录：学生作业展示[1]

1. 某组学生的采访过程（转写）

学生：你好，请问你有空儿吗？

路人：你好，有空儿。

学生：我叫 XXX，是 XXX 学校的留学生。前天，我的汉语老师给我一个作业，是采访中国人。但我要拍视频，可以吗？

路人：可以。

学生：请问你叫什么名字？

路人：我叫张波。

学生：你好，张波。你知道泰国吗？

路人：知道啊。

学生：关于泰国，你知道哪些有名的东西呢？比如说，泰国有名的地方、有名的人、

---

[1] 为展示真实学习成果，学生作业未经任何修改。

有名的菜。

路人：我知道泰国的大象。

学生：你去过泰国吗？

路人：没有。

学生：在国内，你还去过什么地方？

路人：去过很多，比如北京、上海、广州。

学生：你去过北京。你是什么时候去北京的？

路人：去年。

学生：你是怎么去北京的？

路人：坐飞机去的。

学生：你是跟谁一起去的？

路人：跟女朋友啊。

学生：你觉得北京怎么样？

路人：北京是首都，当然很好啊，就是交通太堵了。

学生：你去过长城、故宫吗？

路人：去过啊。

学生：你觉得那些地方怎么样？

路人：长城很宏伟，故宫很气派。

学生：你爬长城，累吗？

路人：当然很累。

学生：最后一个问题，如果你有空儿，你想去哪儿旅行？

路人：去一趟泰国。

学生：哈，非常好！谢谢你！

路人：不客气！

2. 该组学生的书面作业

上个星期日，我们去南京交院站采访了一个中国人，问了他几个问题。

我们采访的人是男生。他叫张波，这个人个子比较高，短短的头发。他的脸尖尖的，眉毛粗粗的，眼睛小小的，鼻子不太高，嘴巴也是小小的，还有一点儿胡子。

他知道泰国，但他对泰国不是很了解，因为他没有去过泰国。在国内，他去过很多地方，比如北京、上海、广州等等。

他是去年去北京的。他说他是跟女朋友一起去的，他们是坐飞机去的。他觉得北京很好，因为北京是首都，但是北京的交通太堵了。他也去过长城和故宫。他觉得长城和故宫很大。爬长城时，他感到很累。如果他有空，他想去泰国旅行。

案例 37

巧用逸闻趣事的图片辅助语法教学

王秋雨

 案例导入

1. **教学内容**

   "跟……一样"句型的教学。

2. **教学背景**

   课　　型：综合课

   使用教材：《新实用汉语课本》(第二版)第二册,第19课《中国画跟油画不一样》(北京语言大学出版社,2011年)

   教学对象：美国某大学中文项目一年级第二学期的学生,已经学过半年的中文,每周5课时,每次50分钟。学生能用中文就日常生活中的话题进行简单交流。

   教学时长：20分钟

3. **多媒体手段**

   图片

4. **教学目标**

   复习"比"字句,学习用"A跟B(不)一样(Adj/VO)"进行比较,讨论A与B的相同点和不同点,并了解关于画家齐白石的逸闻趣事。

 教学设计

1. 复习"比"字句

（1）老师出示图片1。（见图1）

图1

引导学生用刚刚学过的生词"画家、中国画、油画"等介绍图片中的二人，比如"左边的是一位有名的西班牙画家，他叫毕加索，喜欢画油画，他非常有名；右边的是中国有名的画家齐白石，他和另一位中国名画家徐悲鸿是老朋友，他最喜欢画虾和花"。

毕加索在美国家喻户晓，齐白石和徐悲鸿都在课文里出现过，所以用作复习材料。若学生对这些画家不太熟悉，老师可适当引导。另外为减轻学生负担，毕加索的名字可用拼音代替，下同。

（2）老师出示图片2。（见图2）

图2

老师向学生介绍关于两人的逸闻：有人邀请毕加索来中国时，毕加索曾说过这样一句话："我不敢去你们中国，因为中国有一个齐白石。"请学生齐读两遍这句话并思考这句话的含义，然后用"毕加索觉得齐白石比他画得好"或类似的回答来引出比字句。

（3）复习"比"字句。

老师展示"比"字句结构及其例句：

A + 比 + B + Adj/V

A + 比 + B +（VO）V 得 + Adj

在美国，毕加索比齐白石有名。

毕加索觉得齐白石比他画得好。

2. 学习"跟……一样"句型

（1）老师出示毕加索和齐白石的名作。

根据学生对以下问题的回答情况导入目标句型。可考虑的问题有：

1）中国画美还是油画美？

2）你觉得毕加索的画漂亮还是齐白石的漂亮？

3）毕加索有名还是齐白石有名？

（2）展示目标句型。

A + 跟 + B +（不）一样

中国画跟油画一样吗？

中国画跟油画不一样。

中国画跟油画很不一样。

（3）活学活用。

展示齐白石告诫学生的话："你不要跟我一样，你要学我的心，不能学我的手。"先请大家齐读一遍，再找个别学生读。

老师设置一个情景：客人来家里做客。英文有一句话叫"make yourself at home"，请学生回答这句话用中文怎么说。

然后展示图片3（见图3）。

图 3

学生的回答不一定是老师想要的，只要大致意思对就可以。如果学生回答起来有困难，老师可以用"毕加索觉得他画得好还是齐白石画得好？"这样的问题引出"比"字句。

老师根据学生对"比"字句的掌握情况适当提问。比如"你哥哥和你谁高/聪明？你觉得你的老家漂亮还是芝加哥漂亮？"。

老师可以适当增加一些提问练习，保证学生掌握句型的基本结构。问题设计注意由浅入深，可以采取师生问答、生生问答的形式，注意给学生练习提问的机会。例如"美国的中国菜跟中国的中国菜一样不一样？中国妈妈跟美国妈妈一样不一样？中国妈妈都跟虎妈一样吗？美国学生为什么觉得中文难学？（因为中文跟英文很不一样）"。练习过程中提醒学生根据情况可以用"很不一样，非常不一样，有点不一样，不太一样"等方式来回答。

如果时间允许，可以请学生试着把齐白石的这句话翻译成英文。（参考：Do not imitate me, but emulate me; you should learn my intention, not my technique only。）

（4）分组练习。

请学生说一说老朋友多年不见会说什么，然后展示图片4（见图4）。

> 可以请学生先分组练习，再以老师点名或学生自愿回答的形式抽查练习情况。

图 4

（5）句型扩展练习。

先请学生齐读或个读图片5（见图5）中的例句。在学生已掌握基本句型结构的情况下，再进行分组练习（见图6）。

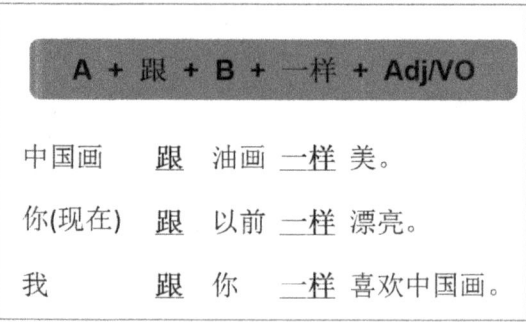

图 5

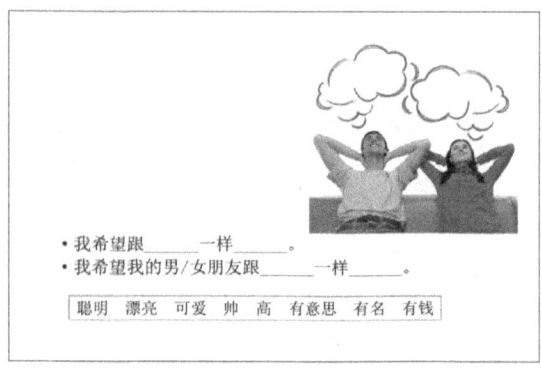

图 6

> 可以采取老师点名或学生自愿的形式请学生回答。如果班级人数多或者课堂时间充裕，也可以请学生先分组练习再汇报答案。

教学后记

　　如今，虽然各种现代化教学手段层出不穷，但图片仍在汉语课堂教学中被广泛使用。为了让图片充分发挥辅助教学的作用，避免千篇一律，老师首先要在内容上下功夫。例如，包含目标语言点的历史典故、名人名言、幽默笑话、诗歌等都是导入和练习句型、词汇的好素材，再配以合适的图片，就能起到事半功倍的效果。这种做法不仅能加强学生对目标语言点的理解和掌握，更能丰富他们的中国历史文化知识，激发他们的学习兴趣。对于在国外学习中文的低年级学生来说，这种适合他们语言水平的材料并不多见，老师平时需要注意积累，课前也要多花时间搜集资料。

案例 38

利用动态图片辅助学习语气助词"了₂"

王兰婷

 案例导入

1. **教学内容**

    语气助词"了₂"表示变化的用法。

2. **教学背景**

    课　　型：综合课

    教　　材：《汉语教程》(修订本)第二册上,第3课《冬天快要到了》

    　　　　　(北京语言大学出版社,2006年)

    教学对象：墨西哥国立自治大学孔子学院5级班学生(该孔院汉语班共分为10级,该班实际汉语水平为HSK 2级或3级),已经在孔子学院学了一年汉语,完成了200多个小时的学习,已掌握约400个词语。学生均为成年人,包括在校大学生、职员、退休的老年人。

    教学时长：50分钟

3. **多媒体手段**

    动态图片

4. **教学目标**

    学生掌握语气助词"了₂"表示变化的用法。

教学设计

1. 语法的导入和讲解（20分钟）

老师展示不同的动态图片，引导学生注意图片中的变化，并以提问的形式让学生说出这些变化。

老师展示第1张图（小树苗长成大树的动态图）。

师：这是什么？
生：这是一棵树。
师：开始的时候，这棵树怎么样？
生：开始的时候，这棵树很小。
师：后来呢？
生：后来，它很大。
师：所以，这棵树长大了，对不对？
生：对，这棵树长大了。

通过对话引出第1个目标句"这棵树长大了"，老师板书这个句子。学生以"合唱—独唱—合唱"的方式读例句，进行操练。

老师展示第2张图（小婴儿长成少年的动态图），让学生观察图中的变化。

师：这个图中，小朋友开始的时候高不高？
生：开始的时候，他不高。
师：后来呢？高不高？
生：后来，他很高。
师：所以，他怎么样了？
生：他长高了。

通过对话引出第2个目标句"小朋友长高了"，老师板书句子，学生读例句。

老师展示第3张图（卡通人物在吃饭，肚子慢慢变大了的动态图）。

师：吃饭以前，他的肚子大不大？
生：吃饭以前，他的肚子不大。
师：吃完饭以后呢？
生：吃完饭以后，他的肚子变大了。

通过对话引出第3个目标句"吃完饭以后，他的肚子变大了"，老师板书句子，学生读例句。

> 选择动态图片，是因为这类图片可以更直观地表现出变化。

> 学生说出来的句子，不一定包含"了"，甚至可能是不对的，老师要整理学生的答案，把正确的句子写在黑板上，并引导学生归纳、理解语气助词"了$_2$"的用法。
> 每引出一个目标句，学生先集体"合唱"，接着请两位学生"独唱"，然后大家一起"合唱"。

老师展示第 4 张图（树枝上的花苞变成花朵的动态图）。

师：这张图里，花有什么变化呢？

生：花都开了。

通过对话引出第 4 个目标句"花都开了"。老师板书句子，学生读例句。

老师带领学生回顾黑板上的 4 个例句：

1）这棵树长大了。

2）小朋友长高了。

3）吃完饭以后，他的肚子大了。

4）花都开了。

老师让学生读黑板上的 4 个例句，引导学生注意句子中"了"的用法，让学生说一下为什么这些句子都有"了"，并总结语气助词"了$_2$"的用法。然后让学生齐读、个读例句，老师纠正发音。

2. 巩固练习（10 分钟）

老师依次展示动态图片，然后让学生描述图片中出现的变化。

展示第 5 张图（小孩过生日，正在吹生日蜡烛的动态图）。

师：小男孩在做什么？

生：他在过生日。

师：他今年几岁了？

生：他两岁了。

展示第 6 张图（水壶里的水正在沸腾的动态图）。

师：水壶里的水是冷的还是热的？

生：水壶里的水是热的。

师：你怎么知道的呢？

生：因为水开了。

展示第 7 张图（卡通人物在量体温，体温计数升高了的动态图）。

师：小男孩怎么了？

生：他发烧了。

师：你怎么知道他发烧了呢？

生：因为体温计的温度升高了。

展示第 8 张图（秋天金黄的树叶下落的动态图）。

师：这张图里是什么季节啊？

生：是秋天。

师：秋天，树叶怎么样了啊？

生：秋天，树叶黄了，树叶落了。

3. 导入否定句：不……了（5分钟）

老师展示动态图片，让学生观察图中的变化，并以提问的形式引出目标句。

展示第9张图（雨停了，天边出现彩虹的动态图）。

师：现在还下雨吗？

生：现在不下雨。

师：现在不下雨了，因为刚才还在下雨，有了变化，所以是"现在不下雨了"。

引出第5个目标句"现在不下雨了"，老师板书这个句子，学生读例句。

展示第10张图（卡通哭脸变成笑脸的动态图）。

师：它刚开始的时候，是在哭还是在笑呢？

生：它在哭。

师：后来呢？它还哭吗？

生：它不哭了，它笑了。

引出第6个目标句"它不哭了"，老师在黑板上板书这个句子。学生读例句。

回顾黑板上新增的2个例句：

5）现在不下雨了。

6）它不哭了。

老师总结语气助词"了$_2$"表示变化的否定表达形式。

4. 口语表达环节（10分钟）

老师播放歌手周治平的歌曲《春夏秋冬》的视频，让学生听歌并观察视频中季节的变化；请同学们分小组讨论，并用语气助词"了$_2$"描述这些季节变化。

5. 布置作业（5分钟）

语法作业：完成课后练习第4、5题。

作文：写一篇作文介绍自己所生活的城市或者家乡这几年的变化，要求80字左右。

引出语气助词"了$_2$"表示变化的否定用法后，也可以和肯定句式一起练习。

选择以歌曲视频的方式进行练习，主要是考虑到该歌曲的视频中展现了春夏秋冬四季的风景变化，能让学生在视觉方面更好地感受到变化；另外墨西哥学生的特点是性格活泼好动、能歌善舞，歌曲视频可以提升课堂的趣味性。

教学后记

"了"的用法对于外国学生而言是比较难的,所以老师在讲课的时候,需要多用心准备。本课主要抓住了语气助词"了$_2$"表示变化的特点,通过动态图让学生尽可能更直观、更准确地理解"了$_2$"的这个用法。通过观看动态图片,学生们可以对变化情况一目了然,同时在练习的过程中,老师引导学生自己说出相应的句子,大大提高了教学效率。另外,很多动态图片比较活泼,也提升了课堂的趣味性,加深了学生的印象。

动态图片一定要符合教学内容,还要贴近学生生活,同时难度要适中,不可过多地超出学生的汉语知识和词汇水平,切记避免出现学生只顾热闹而未达到练习汉语目的的情况。

案例 39

巧用图片辅助练习"把"字句

柴清红

  一 案例导入

1. **教学内容**

    练习"把+N+V+在/到……"句型。

2. **教学背景**

    课　　型： 初级汉语口语课，本案例为语言点操练环节

    教　　材：《发展汉语》(第二版)初级口语(Ⅰ)，第20课《把照片贴在墙上》(北京语言大学出版社，2012年)

    教学对象： 汉语零起点来华留学生，共21人，来自韩国、意大利、俄罗斯、喀麦隆、哈萨克斯坦、乌克兰6个国家，主要以亚洲国家学生为主。学生目前已掌握400～500个词，会进行简单的日常交流。

    教学时长： 50分钟

3. **多媒体手段**

    图片

4. **教学目标：**

    学生能正确使用"把+N+V+在/到……"句型，能根据指令做出正确的动作并用该句型来描述动作。

教学设计

补充生词可视具体授课需要，由老师自行选择。

1. 复习已学生词和句型（15分钟）

本课生词：舒服、有点儿、乱、收拾、一下、放、挂、贴、看见、桌子、窗户、墙、照片。

本课句型：把＋N＋V＋在/到……

补充生词：衣柜、书架、椅子、花瓶、拖鞋、垃圾桶。

2. 小组操练（30分钟）

（1）老师在PPT上展示事先画好的一个空房间，然后在房间里添加各种物品图片。（见图1）（4分钟）

房间内物品的图片均由笔者自己提前手绘而成。老师也可以直接在网上搜索合适的图片。

另外，可以把选择图片的机会交给学生，给学生出示很多图片，让学生决定将哪些东西放在房间里，这样可以帮助学生强化对生词的记忆。

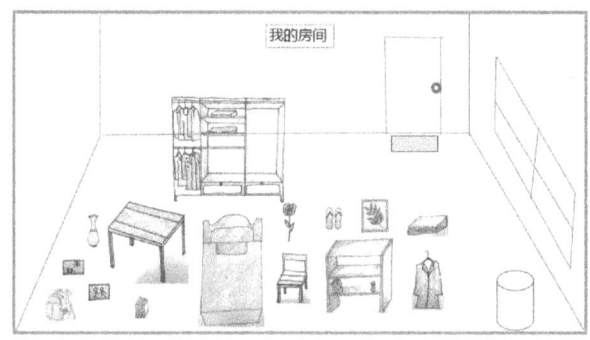

图1

（2）两个学生一组，商量如何整理房间。老师选一组学生当堂演示，一个学生用"把"字句描述，另一个学生在老师电脑上操作。（8分钟）

生1："把书架放到门的旁边。"生2用鼠标把书架拖到门的旁边。

生1："把画儿挂到门上。"生2用鼠标把画儿拖到门上。

如图2：

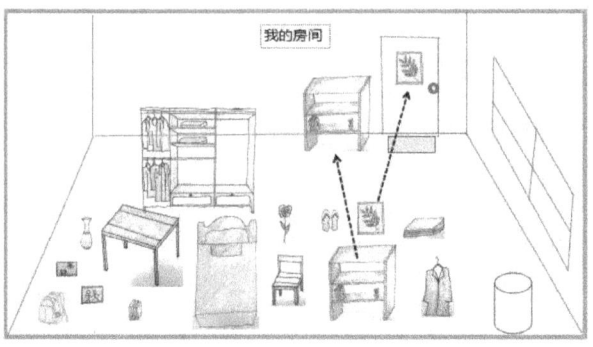

图2

……

一组学生做完以后，其他学生观看他们收拾好的房间图（如图3），每个人用"把"字句说一句话，介绍他们是怎么收拾房间的。（5分钟）

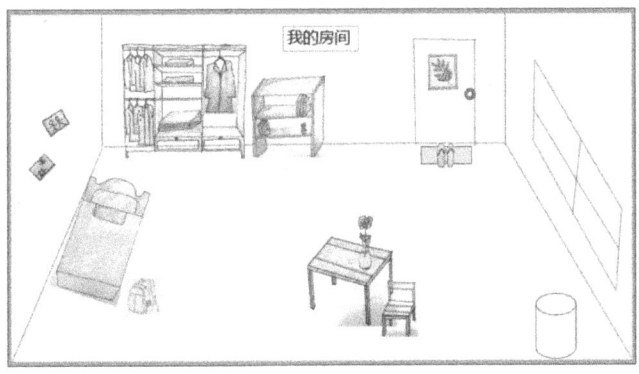

图3

例如：

A：他们把书架放在门的旁边。

B：他们把画儿挂在门上。

C：他们把照片贴在墙上。

……

（3）另选一组学生，请他们用同样的方式把第一组学生收拾好的房间弄乱。（8分钟）

例如：

学生3："把拖鞋放在桌子上。"学生4用鼠标把拖鞋拖到桌子上。

学生3："把花儿扔到垃圾桶里。"学生4用鼠标把花儿拖到垃圾桶里。

如图4：

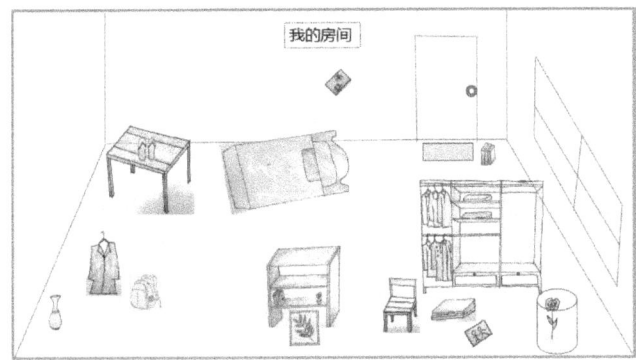

图4

......

该组学生做完以后,其他学生再每人用一句"把"字句来描述他们是怎么弄乱房间的。(5分钟)

根据学生的人数和对语言点的掌握情况,老师可以适当多安排几次练习。PPT里的房间也可以做成男生版和女生版,这样练习的时候更有趣味性。

3. 总结并布置作业(5分钟)

请每个学生课后看看自己的家、宿舍或者教室,如果发现物品摆放比较乱的地方,用手机拍下来,自己收拾完以后再拍一张照片,下次上课的时候给同学们介绍一下自己是怎么收拾的。

三 教学后记

对初级班的学生来说,"把"字句是整本书中最难掌握的。因此,学生需要大量的练习来不断巩固该句型。但是"收拾房间"这一情景很难在教室里实现,就算在真实的环境中,搬桌子、搬床也要花费不少时间。而通过拖动图片进行演练,就可以很直观地把情景和句型练习结合在一起。通过一节课的练习,每个学生都说了很多"把"字句,该句型也在学生的脑海中得到了强化。这个练习还可以选择其他场景,例如办公室、公园、学校等,并选择相应的物品图片来搭配练习。

四 附录:学生课堂作业展示

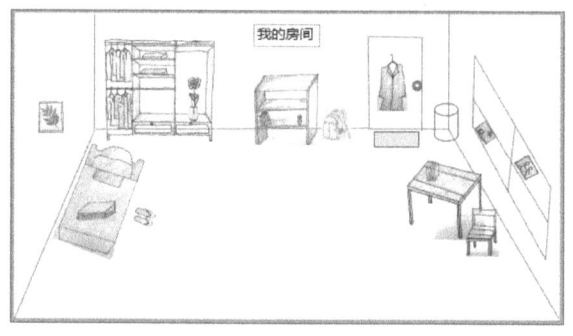

案例 40

利用视频、图片辅助学习成语"立竿见影"

沙 茜

 一 案例导入

1. **教学内容**

    成语"立竿见影"。

2. **教学背景**

    课　　型：中级汉语口语课，本案例为生词教学环节的节选

    使用教材：《汉语口语速成·中级篇》(第二版)

    （北京语言大学出版社，2007年）

    教学对象：北京某大学汉语进修生，分别来自日本、泰国、印度尼西亚、吉尔吉斯斯坦、哈萨克斯坦、乌克兰等国，共19人，学过一到两年汉语，已通过HSK 4级或5级。

    教学时长：10分钟

3. **多媒体手段**

    视频、图片

4. **教学目标**

    学生准确地理解并掌握该成语，能在生活中学以致用。

 教学设计

1. **导入（3 分钟）**

（1）老师出示词卡"立竿见影"，学生认读，老师纠正读音、领读。

（2）PPT展示图片（见图1），让学生描述看到的图片内容。

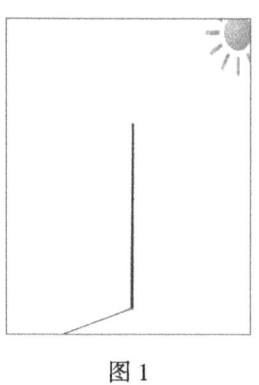

图 1

先给学生看图片，让学生对成语的意思有所了解。老师选用的图片要简单、直观，紧扣主题。

（3）请学生试着解释"立竿见影"的四个字分别是什么意思，然后老师讲解。

立：竖起。竿：竹竿。见：看见。影：影子。

立竿见影：在阳光下竖起竹竿，马上就看见了竹竿的影子。比喻做一件事马上就看到效果或付出马上有收获。

逐字解释让学生学会自学成语，从成语的字面意思下手理解。讲解时学生可能不太理解"竿"，老师可用图片提示。

老师要强调成语的比喻义和用法。

（4）PPT展示例句，学生朗读句子。若学生有疑问，老师答疑。

例句：

1）肚子疼的时候，吃这种药立竿见影。

2）为了提高汉语口语水平，他跟中国朋友一起租房子，每天跟中国人聊天，不到一个月，口语就比以前流利多了，可以说是取得了立竿见影的效果。

常用结构：

取得 / 获得 / 收到 / 起到了立竿见影的效果

该视频为卡通动画，生动形象，有助于加深学生的印象，增加课堂趣味性。

2. **看视频[1]，了解成语来历（4 分钟）**

（1）学生看成语"立竿见影"的讲解视频。看完第一遍后，老师解释学生可能不明白的地方。

例如：日出而作、日落而息、丞相、启发、刺眼、圭表。

让学生复述视频内容，既可以了解学生对视频内容的理解程度，也可以督促学生集中注意力认真看视频。

（2）学生再看一遍视频，然后复述视频内容。

1　网络孔子学院网站上的"立竿见影"成语视频。

3. 练习（3分钟）

展示图片（见图2），请学生用"立竿见影"描述图片内容。

图 2

> 老师所选图片要能引起学生的兴趣，激发学生的表达欲，让学生多开口，多练习。

老师根据图片内容提问：
（1）减肥有什么好方法？效果怎么样？
（2）立竿见影的减肥方法好不好？有没有副作用？

 教学后记

学生反映本案例使用的视频他们可以看懂80%以上，看了视频以后，印象深刻，更容易记住成语，在学习和生活中也会经常使用。

在教学过程中，老师一定要注意：选用的视频难度要适中，声音要清晰；不要因为过多讲解视频内容而忽视了本课重点；不能让看视频占用太长时间。

 附录：学生作业展示[1]

1. 依我看，没有立竿见影的方法很快减肥。我们要有规律的生活，坚持锻炼身体，吃少、睡好，才能成功。

2. 衬衫脏得厉害，用这个洗衣粉立竿见影，你试一试。

---

1 为展示真实的学习效果，学生作业未经任何修改。

附录：多媒体软件资源一览表

序号	软件名	简介	所在案例	页码
1	Puppet Pals 2	Puppet Pals 2 是 Polished Play 公司开发的一款教育软件，可以通过制作卡通动画来讲故事、做报告，帮助学生开口练习外语。 用户在软件中选择场景和喜欢的角色，为其设计动作并配音，就可以录制自己的动画短片。软件中的角色包括美国学生熟悉的马克·吐温、埃及法老、恺撒大帝等，学生还可以为角色选择骆驼、马等坐骑或飞机、汽车等交通工具，非常有趣。学生完成并保存短片后，可以将其分享给其他人，从而获得更多语言学习的成就感。	案例1	2
2	Book Creator	Book Creator 是一个可以帮用户方便快捷地制作电子书的软件，可以在谷歌浏览器或苹果系统上使用。用户可以免费制作一本电子书，完成后还可以将其下载至"本地"或者通过邮件发送给别人。	案例2	6
3	HelloChinese	HelloChinese 是由 HelloChinese Technology 公司设计的一款高效有趣的中文学习软件。 这款软件除了有专门针对语音的练习外，还分主题设置了多个板块，每个板块都包含语音、词汇、语法、汉字、交际等方面的汉语知识，同时还有练习题以及奖励机制，是一款非常好用的中文学习软件。	案例3	10
4	Chinese Mandarin Alpha Team	Chinese Mandarin Alpha Team 是由 Overpass 公司设计的一款针对汉字学习的中文学习软件，用户可以通过游戏闯关的方式学习汉字和词语。	案例4	13
5	谷歌表格（Google Sheets）	谷歌表格(Google Sheets)是谷歌文档(Google Documents)的一部分，后者是由谷歌公司推出的一套免费的在线办公软件。多名用户可同时在线编辑同一文件，并可以实时看到其他用户所做的编辑。系统会自动保存每次的修改，用户还可以看到是谁在何时做了什么修改，并可恢复到之前任何一个时间点的旧版本。用户可以处理和搜索文档、表格等，并可以通过网络和他人分享文件，只要有谷歌的账号就能使用。	案例5	16
6	iChineseReader	iChineseReader 是一个中文分级阅读网站。用户可以根据自己的中文水平选择难度适宜的图书。该网站上的图书有自动朗读、录音等功能。每本书后还有一个小练习，用户要至少答对 75% 的题才算完成阅读任务，可以获得相应分数。	案例6	21
7	gglearn	gglearn 是一款功能强大的学习软件。老师可以在软件中制作、分享个人讲座，并可在通过身份审核后组成自己的班级。	案例7	24

（续表）

序号	软件名	简介	所在案例	页码
8	PALM Korea 在线视频教室	PALM Korea 在线视频教室是 PALM Chinese（手里汉语）韩国分公司推出的在线课堂项目。在线视频教室打破了空间的限制，老师、学生不管身处何地，都可以通过网站进行授课或学习，可以节省大量时间。	案例 7	24
9	Trello	Trello 是一款在线项目管理和流程协作软件，用户可以在软件中创建待办事项列表、创建任务并将其分配给同一小组的用户，从而实现小组成员之间的信息共享。组员完成工作后可以把任务状态标记为完成，以便及时更新项目进度。	案例 8	29
10	Poll Everywhere	Poll Everywhere 是一个实时投票统计网站，同时也被广泛应用于教育教学领域。发起人提出一个问题后，参与者可以通过手机短信等方式把自己的答案发送给发起人，这些答案会实时显示在发起人的页面上。发起人提出的问题既可以是选择题，也可以是需要输入答案的问答题。 在语言教学课堂上，老师作为发起人把自己的页面投放在大屏幕上，每一位学生的回答都能立即与全班同学共享，从而实现良好的师生、生生互动。	案例 9 案例 25	34 94
11	ClassDojo	ClassDojo 既是一个高效的线上课堂管理系统，也是一个良性的老师、学生与家长的互动平台。老师可以在课堂上管理学生的行为，并可将学生课堂表现以数据图表的形式反馈给家长，极大地满足了家、教之间的互动需求。ClassDojo 除了可以很方便地在电脑端使用外，还有适用于手机的客户端应用程序。	案例 10	39
12	Kahoot	Kahoot 是一个互动性极强的在线测验平台。它的特点是操作简单，易于上手，测验形式多样。更重要的是，它满足了新时代教师对多样化教学手段的需求，符合未成年学习者好奇心强的认知特点，因此在教学中得到广泛使用。	案例 11	43
13	Quizlet Live	Quizlet 是一个可以创建和分享学习材料的网站，其提供的词语练习题形式多样，生动有趣，在针对儿童语言学习者的单词教学中得到普遍使用。Quizlet Live 则为老师提供了一个升级版的词语复习资源库和活动平台。 Quizlet Live 使用起来方便快捷，其最根本的特点可以用"竞赛"二字概括。它以联机比赛的形式实现了老师与学生、学生与学生之间的实时互动。在比赛时，学生积极主动地阅读题目、快速答题，能有效地巩固所学词语，达到复习目的。	案例 12	47
14	Promethean Board 及 ActivInspire	Promethean Board 是一款交互式的电子互动白板，它与配套的 ActivInspire 电脑软件一起使用。在电脑上安装 ActivInspire 之后，用户就可以在电子互动白板上随意书写内容，同时也可以使用软件自带的各种互动模板辅助教学。	案例 13	51
15	极品时刻表	极品时刻表是一款旨在为出行提供交通行程规划服务的软件，其主要用途是在线查询各个城市之间的交通情况，包括飞机、铁路和公路客运等，并支持在线购票。	案例 15	59
16	百度地图	百度地图是为用户提供包括智能路线规划、智能导航（驾车、公交、步行、骑行等）、实时路况信息等出行相关服务的平台。	案例 15 案例 17	59 65
17	携程网	携程网是综合性的旅行服务平台，为用户提供集酒店预订、机票预订、旅游度假、商旅管理及旅游资讯在内的全方位旅行服务。	案例 18	68

（续表）

序号	软件名	简介	所在案例	页码
18	途牛网	途牛网是为用户提供旅游出行产品服务的平台，包括跟团游、自助游、自驾游、酒店预订、代办签证等服务。	案例 19	71
19	荔枝	荔枝是一个手机播客平台，集音频录制、编辑、存储、收听、分享于一体。用户可借助荔枝平台在手机内完成录音、剪辑、音频上传和语音直播。用户还可以实时监测自己节目的相关数据，包括节目播放、订阅、分享、点赞、下载等数据，也包括收听节目的用户的地域、性别、收听时段、转发平台等数据。	案例 20 案例 21	76 80
20	微信	微信是腾讯公司推出的一个为智能终端提供即时通信服务的免费应用程序。微信支持用户跨通信运营商、跨操作系统平台通过网络快速发送语音、视频、图片和文字。同时微信还提供"朋友圈""公众平台"等服务插件。	案例 22 案例 23	83 86
21	新浪微博	新浪微博是一个信息分享和交流平台。用户可以通过电脑、手机等多种终端登录平台，以文字、图片、视频等多种形式实现信息的即时分享、传播互动。	案例 24	90
22	抽签助手	抽签助手是一款简单实用的抽签小工具，拥有个性化的设置方式和人性化的使用机制，能满足各种娱乐活动的抽签需求。	案例 32	120